玉寿の姓名判断

三種の神技

瑞雲研究会
主幹　平野友彬

挨拶

　若いころから、何くれと思い悩むことあり宗道で座禅を組んだり白衣を着て行者さんに付き添い霊山を訪ね滝にもあたり、幾つかの宗教団体に入り講義をうけたりしてきたが、なんら悟ることなく、迷える羊さながらに年を重ねてきたように思えてしかたがない。そんな中で事業が廃業の憂き目に逢い、何が原因かと考えながら、ふと自分の名前に不信を抱き、訪ね歩くうちに小生の本名をみて、ある先生は素敵な名前と言い、またある先生は最悪の名前、挫折するのは当然という、これらの判断を不信に思い調べるうちに既存の姓名判断は間違いも多く、それを信用して小生と同じように間違った名前を付けておられる方が多いのではないかとの考えから、姓名判断を少しかじってみようとの思いに至ったのである。

　そこで数千人の名を分析検索してきた結果、さまざまな業界で Top か Top3 の方たちの多くに凄い組み立ての技が潜んでいることを発見しました。それが本書で解説する「三種の神技」である。その技の名を古代より皇位のしるしとして代々伝えられた三種の神器「鏡、剣、勾玉」に由来しますが、この書では名前に潜ませる「Same、Line、Ren」の技を「三種の神技」として使わせていただくこととしました。

　姓名判断に絶対とか必ずと言う言葉はありません。貴賤の上下、善悪の判断もありません。

　全て確率の問題であって運勢を上昇気流に舞い上がらせ、如何なる業務に従事しようと成功裏に誘導すること

が出来るか否かが課題です。
　文章がうまくありませんので読みにくいと思いますが、じっくりお読み頂ければ格段の推進力を滲ませる命名、改名のテクニックにまず驚かれ、名前に潜む数字の魔力に人生が翻弄されることを知ることになるでしょう。
　お読みいただく方々に幸運が舞い込むことを祈念して挨拶とします。

　　　　　　　　　　　　　　　　　　　平野友彬

目次

玉寿の姓名判断 三種の神技

一章　獣の数字「6・6・6」……………… 7

二章　三種の神技 ……………………………… 15

三章　「姓名判断」を考察する …………… 37
　一節　五格と組立てについて …………… 48
　二節　数字について ……………………… 54
　三節　占いについて ……………………… 64

四章　姓名判断吉凶画数評価 ……………… 67

五章　姓名判断その寸評 …………………… 81
　一節　命名時に念頭に置きたい事柄 …… 146
　二節　不運を招くと言われているが本当だろうか … 154

六章　「漢字」「平仮名」「カタカナ」画数リスト … 167
　一節　漢字の成り立ち …………………… 184

七章　飛翔運を呼び込む画数表 …………… 191
　一節　苗字の由来 ………………………… 212

一章　獣の数字「6・6・6」

かつてある先生が「3, 6, 9」という数字は宇宙の
リズムであり人間にも大きくかかわりがあると思う。
それをどんな形で表現したらいいかと、丸や三角形、
菱形などを組み合わせたりして、苦悶されたようで
すが、結論と言うか、こうだとは明言することなく、
この世を去られた。16、7年前のことである。

　その後、小生の境涯に大きな変化があり、自分の
名前に何となく疑問を持ち姓名判断の本を買い、調
べるうちに、どうも変だとおぼろげながら姓名判断
のからくりが分かるようになってきました。思うに
自分の親もこの本と同じ方策の姓名判断士（こうい
う云い方があるかどうか）に依頼して付けてもらっ
たようだ。また自分の子供たちも、同じように名前
を付けたように思う。そして今、姓名判断の歴史が
浅いせいかどの先生にもとんでもない間違いがある
ことに気付いたのです。

　そこでテレビに出る人、友達、同級生、近隣の人、
社員など片っ端から、およそ5,000人ほど分析して
きました。せめて2、3万人くらい調査すれば、もっ
と違った答えが出たかもしれないが、それぞれ個人
の家庭内事情や親族、サイドワーク、個人の思惑な
ど推量できないので、仔細な変化は予想できないも
のの、大きく飛躍したり、業界で1、2を争うよう
な目覚ましい仕事ぶりの人達の名前を見ているうち
に、偶然付けた名前にしろ、字の画数とその配置に
実に興味深い組み立てがあり、如何なる書籍にもな

一章　獣の数字「6・6・6」

い技が隠されていることを発見したのです。小生83才、ここ3年の間に大腸癌、膀胱癌と手術をし、余命いくばくもないことを知り、せっかくここまで調べ上げてきた姓名判断の極意とまではいかないまでも未来に夢が持てる素敵な命名のノウハウ（三種の神技）を埋もれさせるに忍びなく、一人でも多くの人達に知ってもらおうと思い立ったわけです。

　そこでいずれ小冊子にでもと考えながら、姓名判断は数字とその配置にこだわり、判断をするのですが、その数字にいろんな意味があると調べているうちに（3・6・9）は18、（6・6・6）も加えると18ではないかと、この数字にぶつかったのです。日本の神道では数霊、言霊、欧米では数魂ともいい1〜9の数字に深い意味が隠されているという。数学者ではないので、おおよそとか、うわっつらしか見ることはできないが、実に奥が深く、面白い事に気が付いたのです。

　新約聖書ヨハネ黙示録13章18節に赤い龍とあり「ここに知恵が必要である"6・6・6"は人間を指すものだ、思慮ある者はこの獣の数字の謎を解くがよい」とある。さてこの謎とは。ここで「3・6・9」「6・6・6」に関連する不思議について少し触れてみよう。

　ローマ皇帝ネロはキリスト教を弾圧。獣の像を拝まない者はみな殺害した。カバラ数秘術ゲマトリアではアルファベットにそれぞれ数字を割り振り、それに基づいて皇帝ネロ[nrwnqsr]を計算す

ると n=50 r=200 w=6 n=50 q=100 s=60 r=200 合計666となる。獣の数字とはこの辺から来たかもしれない。欧米では A=1、B=2、C=3……Z=26 として吉凶を占うことがあるようだ、ちなみに以下計算してみると松山英樹（MATUYAMAHIDEKI）は 5、宮里藍（MIYAZATOAI）は 3、岡本綾子（OKAMOTOAYAKO）は 8、石川遼（ISIKAWARYOU）は 4 となる。この数字を見ると松山はますます上昇気流に乗り、宮里は世界ランク一位にもなった女性である。岡本綾子もアメリカでLPGA賞金獲得ナンバーワンになったこともあるが、石川遼の数字はいただけない。この数字を信用するわけではないがチョット心配である。今後もいい成績は上げられないという証のようだがどうであろう。NEWYORK は N14 × 6　E5 × 6　W23 × 6…と数えると84、30、138、150、90、108、66 合計すると666になる。またコンピューター COMPUTER も同じように 6 を掛けると 18、90、78、96、126、120、30、108 それぞれ加えると 666 となる。ウインドウズ VISTA は見方が少しややこしいが、ローマ数字を使うと同じく 666 となる。ニューヨーク、5番街にあるロックフェラービルの看板は 666 とある。アメリカ大統領ドナルド・トランプ（Donald John Trump）を計算すると 3。いい数字だ。ヒラリークリントン（Hillary Rodham Clinton）は 14。少し気になる。あまりいいとは言えない数字で、やはり大

統領選挙で敗北した。

　英国で始まったゴルフはハーフ9ホールとし、アウトインで18ホールをワンラウンド、トーナメントの予選では2ラウンド、36ホール、決勝も36ホールの戦いとなる。しめて72ホール、7+2 = 9、しかもゴルフ場は1ホール平均4打、ハーフ4×9 = 36（3+6 = 9）打の設定。18ホールは4×18 = 72（7+2 = 9）打を基準として設計されている。素敵なスポーツである。将棋盤は縦横9マス、9×9 = 81、ひっくり返すと18、囲碁盤は18×18の平方盤で、その交点に碁石を置いて勝負する。この18×18 = 324、3+2+4は9となる。野球はアウトを3つ取って回を重ね9回までに取った得点で勝敗を決める。数字を見てみると3×9 = 27、2+7 = 9となる。人間の平均的な体温は36度か36.5度。一年の日数は365日。365と言えば金田正一の生涯完投数も365。またこの金田正一の投球回数は1950〜1969年で5,526回。5 + 5 + 2 + 6 = 18、与四球は1,800個。野村克也の打席数は11,970。数え方によってこれも18。東尾修の投球回数4,086回。米田哲也の投球回数5,130。いずれも18がある。工藤公康はちょっと変わって投球回数3,336回。凄い選手の成績には変な数字がまつわるようだ。選挙権は18歳から。地球は地図を見ると現在は移転してる様だが、イギリスのグリニッチ天文台を0度とし360度に分割され、経度の180度は太平洋のほぼ中央、分度器にし

ても水平は180度。直角は90度。一回りは360度、豊臣秀吉が度量衡を改定し一反を300坪としたがそれ以前は360坪が基準であった。平安時代からかどうか知りませんが距離を見ると、一里は36町、1町は360尺、1間は1.8m正確には1.81818m、なぜか一升は1.8リットル、周波数のことだが、ニッポン放送は1242kHz、12 + 4 + 2 = 18、文化放送は1134kHz、11 + 3 + 4 = 18、TBSラジオは954kHz、9 + 5 + 4 = 18、NHK東京第一放送は594kHz、5 + 9 + 4 = 18、NHK東京第二放送693kHz、6 + 9 + 3 = 18、NHK大阪第一放送は666となる。熊本地震は2016年4月14日、ロマ・プリータ地震は1989年10月17日、ロサンゼルス地震は1994年1月17日、阪神淡路大地震は1995年1月17日、湾岸戦争は1991年1月17日、四川大地震は2008年5月12日、パキスタン地震は10月8日、リスボン大地震は1755年、中国青梅省の大地震は4月14日、東日本大震災は2011年3月11日、JR福地山線脱線事故は2005年4月25日、マレーシア空港370便失踪は2014年3月8日、韓国セウォル号転覆事故は2014年4月16日、カンタベリー地震は2011年2月21日、以上少し面倒ですが数えてみてください。いずれも18がある。コンビニのセブンイレブンは7 + 11 = 18、スリーFの「F」はアルファベットの6番目 3 × 6 = 18。また 1 + 2 + 3 + 4 + 567 + 89 = 666、123 + 456 + 78 + 9 = 666、さらに一つ、これ

はどうかな、12345679×6×9を計算してみてください、面白い数字になります。誰が考えたのだろうか暇な人がいるものだ。卓球の世界選手権を見ていたら試合途中、汗を拭いてもいいのは6の倍数と決められている。真田幸村の六文銭の幟は三途の川の渡し賃と言う。六地蔵、これも6だ。日本の硬貨は500、100、50、10、5、1円全部加えると666円、お札は10,000、5,000、2,000、1,000、加えると18,000円、18がある。買い物に行くとどんな商品にもバーコードが付いている。リーダーで金額を読み取るのだが、このバーコードの両端と中央に同じ線がすこし下に伸びてある、なぜかわからないがこの線は6、即ち666だ。日本だけなのか、どうして6を配したのか知りたいものだ。大相撲興行における本場所の満員御礼連続記録は1986年11月場所11日目〜1997年5月場所2日目までの666回。双葉山の連勝記録は69回、樋口久子のLPGA国内優勝回数も69回、外国での成績を含めると優勝回数は72回、7+2＝9、金田正一にしても人間離れしたこれらの数字は二度と破られることはないであろう。エイズウィルスの染色体数は9,666個。魔術師によると9は悪魔が弟子を連れていく姿だという。

　12の数字も面白い。加えると3、一年は12カ月に12支、十二単衣もそうだが、ピアノは1オクターブ12音階、12星座、これには12宮（黄道12星座）の呼び方もある。新約聖書には12使徒、ギリシャ神話

にも12の神がいる。日本神話には創生十二柱、七代の神「古事記」に記されている、官位十二階、十二因縁、未来の三世輪廻を解く。以上挙げればきりがないこれらの数字、仏教の末法思想に弥勒菩薩が56億7千万年後に生まれ、お釈迦様に代わって新しい道を開くという。弥勒即ちミロクは「369」それぞれ加えると18（1+8 = 9）であると同時に6・6・6だ。56億7千万年は5+6+7 = 18。聖徳太子建立の法隆寺の秘仏、救世観音像は身長180センチ。一説に、ヨハネ黙示録には神と悪魔の最終決戦、ハルマゲドンのことが記されている、日本で起きるというメッセージだろうか、これらの不思議はまだまだあるが、このへんで。369（6・6・6 = 18）にまつわる不思議が人のなりわいに大きく関係し、また浸透もして日々の生活に少なからず影響がある様だ。これらの数字をさらに検証して吉凶の判断の参考にし、判定の確率をより精度の高いものにしたいものです。

二章　三種の神技

神宮宝暦、高島の姓名判断、名付け辞典その他多数ある姓名判断の本を参考にさせていただきました。心より感謝申し上げます。小生の格数判断、長年にわたり多くの人達を検索調査してきましたが、確信のもてない所も多く、諸先輩の判断を参考にしながら、完璧とは云い難いが提示することにしました。今後まだまだ修正の余地はいくらもあるように思います。せめて2、3万人は検証しなければ、的確な判断は出来ないようです。しかもほとんどの人の思惑、家庭内事情、サイドワークなど見えないため、どこまで正解度を高く出来るか判断に迷うところも多い。今後も一層検索を怠りなく素敵な判断が出来るように精進しなければと考えています。

　四柱推命は中国4000年の歴史があり何かと問題はあるものの学問的には一応確立されている。密教占術もしかり。だが姓名判断は中国唐の時代に開発された「名相術」、この秘伝に各種課題がある中で「三才連珠格」があり、たとえ凶の格数があっても悪弊を振り切り吉祥をもたらすとある。この三才、天地人になぞらえて宇宙の成り立ちであり全ての生育に不可欠の要因であるように解説されているが、中国人の名はほとんどが3文字で、「三才連珠格」の判断はあってもなんの不思議もない。この三才、日本名に3文字の方もおられますが4文字にどうやって取り入れようかと、三才の解釈に戸惑いがあるのか異論が多く、我こそはと発表されてるのを見るに、大

変失礼な言い方だと思うが、どんな根拠があって表明されているのか、ただの数字遊びをしてるように思えて仕方がない。

　そのような唐の時代に始まった姓名判断を参考にして日本的な解釈をと、熊﨑健翁が明治のころ「姓名の神秘」を発表し日本における姓名判断がおぼろげながらスタートした。その流れはわずか120～130年ほどの歴史しかなく、受け継ぐ人によって判断にくい違いが多く、統一的な判断にはほど遠いようです。文字はというと、くさかんむりは6画、りっしんべんは4画、こざとへんは8画など、古代の絵本に等しい資料を参考にしてるからか時代錯誤も甚だしい。卜辞、金文、古文、或体等おそらく中国先史時代（五千年ほど前ひょっとすると1万年くらいかも）の亀甲文字を、さも金字塔のように判断に取り入れなければ姓名判断は出来ないというのは理解できない。時代と共に文字も変化してきた。中国の簡体文字までいくと文字の本来の意味が薄れ、姓名判断にも支障をきたすことになりかねない。日本も同様に変化はしているものの、文字そのものの雰囲気や意味はまだまだ残されているようで、名前にそれぞれの思惑をにじませることが出来る。名は格数もさることながら呼び合う音、その響きが人を和ませることもあり、その雰囲気が人を押し上げる要素になることもある。言霊ともいわれ、子守歌で子がすやすや眠り、村の鎮守の祭りには笛や太鼓の音

で、心が躍るように名を呼び合う響きもむげに出来ないように思う。

そこで命名には、強力な後押しを含む組立て（三種の神技）による名前でさえあれば、後は文字の内意に親しみ易さ、また安易に読め、名に潜む雰囲気や響きなど、それぞれ個人の推量で自在に判断し命名すればいいのではないか。面倒で煩雑な三才、陰陽、五行説、複合数など絡繰りには、とらわれることは全く必要ないように思う。日常どこでもサインする名前が本人そのものであり、現代に生きる人たちが常に常用してる文字で判断すべきであり、時代をさかのぼる必要もなければ一切の細工も必要ないのです。たとえ旧字であっても戸籍台帳に記載し、日常、書きしるす名前であれば、その記載の名前そのままがその人自身なのです。

今回どんな悪弊不穏な暗示も霧散させ、上昇気流に乗せる「三種の神技」という、とてつもない推進力を名前に組み込む技を見つけました。3,000とも5,000とも分類できる如何なる業種に携わろうとその中でTopかTop3に舞い上がることは間違いないでしょう。吉ばかりの格数で組み合わせる名も、それなりにいい将来を掴むであろうが、ジェットエンジン（三種の神技）を組み込んだ名前にはとても及ばないであろう。瑞雲研究会からは、そういう凄い組み立ての名前を掴み取っていただけるのです。

この世界を統一するような画期的な判断と命名組

立のテクニックを発見したからです。

　まずは大きな波紋を投じることになるでしょう。この海、大きく荒れるに違いない。

　◆姓名判断は「天格、人格、地格、外格、総格」。この5格を攪拌して検証します。判断の捉え方の基です。

　苗字の画数を「天格」、名前の画数を「地格」、苗字の下の一字と名前の上の一字の画数を加えたのが「人格」、苗字と名前の画数を加えた数字が「総格」、総格から人格の画数を引いた数字が「外格」とし、この5格をもって判断をします。ただし苗字、名前が一字の時は外格の計算が違います。
「姓名判断を考察する」「姓名判断その寸評」をご覧になれば理解いただけると思います。

　◆三種の神技（Same）（Line）（Ren又は連）について。

　100人が100人とは言いませんが、この三種の神技でいう「Same、Line、Ren」が組み込まれている方は多くおられます。周囲の方を調べて見てください。どんなお仕事にしろ、この技の組立てを内蔵されてる方はそれなりに素敵な活躍をしておられるはずです。

　◆一つは「**Same**」5格の中に5、5や16、16の

ように同じ数字があることを言います。この Same は例え一組であっても、ほぼ同じ判定が出るようです。1same、2same と表示し、この格数配置がある時はその数字に秘める**「暗示を倍増」**させると判断する。場合によってはジェットエンジンを搭載し飛龍となって大きく飛躍する目覚ましい活躍をされるでしょう。ところが 2、4、10、20 のような凶の数字が並ぶときは時として災禍を招くことがあるも、他の格数にもよるが、相当減速することがある。いずれにしてもこの配置がある時は強力な推進力を発揮するようです。(数字の吉凶は格数評価をご覧ください)

　※格数の数え方、11 は 2、16 は 7、24 は 6 と加算して数えることも可とします。

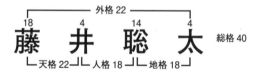

(将棋 7 段 15 歳) 天格 22 と外格 22、人格 18 と地格 18 の 2same。活躍は当然でしょう。飛龍のごとき勢い、年若くして凄い人が現れたものです。だが総格 40 は人生の後半少し心配。身体の事か、家庭内事情か分かりませんが、この 40 は何か災禍が潜むかもしれない。だが後の格数がすごくいいから蹴散らしてくれると思うが。

　天格14、人格15、地格15、外格14、総格29の名前は最高クラス。14、15の2same。素晴らしい活躍は見事。天空に舞い上がる天女の如しだ。

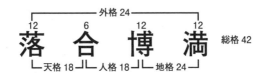

　天格18、人格18、地格24、外格24、総格42の2same。これは凄い。しかし42は何か災禍の暗示があります。この42を吹き飛ばすには1sameでは少し力不足だが、この2sameとあれば、この悪運を吹き飛ばしてしまうでしょう。日本プロ野球界史上唯一となる3度の三冠王を達成。中日ドラゴンズ監督時代に日本一にも。この2same、如何なる悪弊も物ともしない要素が潜む様だ。24のSameこれも素晴らしい。

　天格13、人格18、地格18、外格13、総格31とて

つもなくいい名前。特に総格31がいい。天性の才能と幸運を併せ持ち、着実に進展し中年以降、運気急上昇の趣がある。4、18の2same。失礼だが役者としては3枚目、だが運を独り占めの役者ぶりである。

◆二つ目は「Line」。6、7や11、12のように続く数字が2組あることを言います。一組では変化は認められないが、二組あれば**「車の両輪」**のように、安定した走行で邁進できるというものです。この組み合わせはSameとほとんど同じ判断でいいようです。しかもこの組み合わせを持つ人は相当早く、いや若く10代で名声を挙げることも稀ではない。美空ひばりもその一人。自己主張が激しく勢いが充満するかの様だ。楽しみな格数配置である。

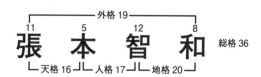

若干15歳の卓球界の鬼才。天格16、人格17、地格20、外格19で16、17と19、20のLine。いい名前です。20が地格にあるだけに少し心配なところがあるが、間違いなく世界のTopグループで活躍されるでしょう。

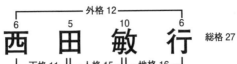

　11、12と15、16のLine。それに総格27と格数の配置は絶妙です。凄い働きを内蔵しているとしか云い様がない。またとない特異な役者です。確実に才能開花させ、名優の一人として芸能界に君臨しているのに何の不思議もない。いい役者です。

　天格8、人格5、地格3、外格6、総格11。全て大吉揃い、凄い活躍ぶりは流石です。2、3と5、6のLine。いい配置。最高レベルの名前です。改名に次ぐ改名で成功した一例です。

　天格21、人格18、地格26、外格29、総格47。29を2と9と見て、加えると11。1と1を足すと2となる。21は3、26は8で18は9となり、2、3と8、9の2Lineとなる。申し分ない名前です。運勢独り占めの強運。一芸に秀でて、衆望を集め破竹の僥倖

運数。女子スキージャンプの傑物です。さらなる活躍を祈ります。

◆三つ目は「**Ren**」「**連**」とも表示します。3、4、5あるいは13、14、15、16のように連続した数字の配在のことを言い**「階段を駆け昇る」**暗示があります。強力なバックアップが期待でき、いつのまにやら上昇気流で舞い上がり、いい仕事をされるようです。猪俣公章（作曲家）には3、4、5、6の4renがある。4ren、5ren特に5renとなると運気過剰の趣あり。人によりますが、何か苦か禍を背負うような兆しがわずかに在るようだ。

16、17、18、19の4ren。18才でアメリカLPGAに挑戦し、一年目で米ツアーにて優勝した。

岡本綾子、宮里藍に次ぐ大和なでしこの快挙です。いい度胸も持ち合わせている。これからも素晴らしい活躍でTopグループに舞い上がることは間違いないでしょう。

天格17、人格6、地格14、外格25、総格31　4、5、6、7の4ren。凄いです。

問題ないと思いますが過強運の兆しがわずかにある。いいキャラクターの持ち主、活躍は当然でしょう。

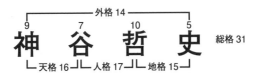

4、5、6、7、8の5ren。これ以上の名前の組立てはおそらく不可能でしょう、凄い。若き折り紙作家が織りなす圧巻のファンタジーの世界。1枚の紙で制作された「神龍」、「3頭のドラゴン」など1作100万円。幾何学的な設計図を描くことから始めるといいます。紙技ならぬ神業、日本を代表する折り紙作家の一人です。

わずかに運気過剰の趣あるも、格数の並びがいいから心配ないと思うが。

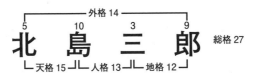

天格15、人格13、地格12、外格14、総格27。活躍は当然、これ以上の名前を付けるのは至難の業でしょう。12、13、14、15の4ren。運気過剰の暗示がないわけではないが、雲をかき分け天に駆け昇る龍の如し。ちなみに本田圭佑（プロサッカー選手）に

は1、2、3、4、5。この数字の並びも半端じゃない。

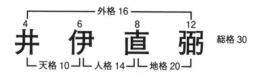

　井伊直弼（10、20、30）1、2、3のren。renは階段を駆け登る暗示あり。彦根藩の藩主の14男として生まれ、32歳まで15年間300俵の部屋住みであったが、藩主につづいて長兄も他界し、後は分家したり他家に行くなど残された直弼が彦根藩主になり、藩政改革をすると同時に幕府の溜詰として幕政で力を発揮し、大老に就任するなどとんとん拍子に出世した幕末における開国日本の立役者だが安政の大獄を采配したのち、桜田門外で暗殺された。Ren（連）があって凄い活躍は当然のこととしても、「0」が並ぶ組立ては禍を受けやすくなるようだ。西郷隆盛が最も尊敬した、一人といわれる江戸時代末期の志士、橋本左内にも（10、20、30ren）があり、国を大きく揺さぶった思想家だが安政の大獄で26歳で処刑された。広田弘毅には10、20、30があり、大戦後の極東軍事裁判でA級戦犯として死刑。TBSメインキャスター松原耕二にも10、20、30があり何か起こりそうな気配がある。徳川光圀（黄門様）の妹千姫を先祖にもつ、素敵な男、マイク真木本名真木壮一郎に（10、20、30）がある、再婚に次ぐ再婚など何か苦を

背負っておられるかもしれない。女優坂口良子5格全部が10と20、失礼だが娘さんとも決していい人生とは思えない。さらに、ここで記すのはおこがましいが、小生の本名平野恒示にも（10,20,30）がある。みじめな生き様を晒してるわけです。

　だがそれと違って11、21、31のように末尾「1」、或は13、23、33の様に「3」或は「5」などの吉数字が揃う方は同じrenでも一味違った素敵な活躍をされてるようだ。この数字の並びは、「不審を招く複合数」にも記しましたが中国の名相術にある三才連珠格の捉え方に極似していて、これこそ「三才」と解釈したらと思う。少し曲解かな。

　◆四つ目に、これは三種の神技としての評価はしてないが、1、3、5、7あるいは2、4、6、8のように飛び飛びではあるが、奇数揃い偶数揃いの方で素敵な人を見てきました。

　勝新太郎（俳優、本名奥村利夫）に1、3、5、7
　由美かおる（女優）には奇数ぞろいの3、5、7、9
　山手樹一郎（小説家）には2、4、6、8
　高橋尚子（マラソン選手）には2、4、6、8
　木村拓哉（タレント）は11、13、15、17、28でそれぞれ加算すると2、4、6、8、10
　村上弘明（俳優）にも2、4、6、8、10
　吉永小百合（女優、本名岡田小百合）には2、4、6、8
　桂歌丸（落語家）には4、6、8、10

米倉涼子（女優）には3、5、7、9
橋爪功（俳優）には3、5、7、9
角川春樹（実業家）1、3、5、7
石原裕次郎（俳優）には42があって疑問符が付きますが6のsameに2、4、6の偶数揃いがある。
長嶋茂雄（プロ野球選手）に2、4、6
原辰徳（プロ野球監督）には4、6、8
鈴木イチロウ（プロ野球選手）は6、8、10の偶数揃い。中国の主席習近平に3、5、7、9。その他、桑田佳祐、岡田准一、栗田貴也、池谷幸雄、中尾彬、小澤征爾、三波春夫など。

ホップ、ステップ、ジャンプかな、悪弊を振り切って邁進するエネルギーが充満してるようです。この三段跳びの配置は**「Ren2」**と名付け、高い評価を与えることとする。

小生、多くの研究者と大きく違った分析結果と幸運と未来に夢が持てるであろう格数配置の妙を発見したのです。格数による吉凶も大切ですが、その吉凶をオーバーラップし運勢をバージョンアップさせ、未来に夢を膨らませ、名声、金運、家庭運、はては事業家として進展が望まれる素敵な名前の格数配置があるのです。数多くの人の格数が凶または大凶で吉がほとんどないのに一代でここまで大きな成果を成し遂げられたのはなぜか、どう考えても成功するとは思えない名なのにと、そんな人達の名前もいろいろ検索してきました。

◆ 「三種の神技」を名に含む人達の一部紹介します。

※スポーツ界

- 樋口久子（女子プロゴルファー）
- 不動裕理（女子プロゴルファー）
- 倉本昌弘（プロゴルファー）
- 木戸愛（女子プロゴルファー）
- 鈴木愛（女子プロゴルファー）
- 丸山茂樹（プロゴルファー）
- 片山晋呉（プロゴルファー）
- 松山英樹（プロゴルファー）
- 川岸史果（女子プロゴルファー）
- 畑岡奈紗（女子プロゴルファー）
- 落合博満（プロ野球選手）
- 金田正一（プロ野球選手）
- 王貞治（プロ野球選手）
- 長嶋茂雄（プロ野球選手）
- 板東英二（プロ野球選手）
- 秋山幸二（プロ野球選手）
- 元木大介（プロ野球選手）
- 野村克也（プロ野球選手）
- 田中将大（プロ野球選手）
- 内川聖一（プロ野球選手）
- 松坂大輔（プロ野球選手）
- 岩村明憲（プロ野球選手）
- 本田圭佑（プロサッカー選手）
- 宇佐美貴史（プロサッカー選手）
- 長友佑都（プロサッカー選手）
- 香川真司（プロサッカー選手）
- 久保建英（プロサッカー選手）
- 桐生祥秀（陸上競技選手）
- 川内優輝（陸上競技選手）
- 設楽悠太（陸上競技選手）
- 野口みずき（陸上競技選手）
- 萩野公介（競泳選手）
- 古橋広之進（競泳選手）
- 北島康介（競泳選手）
- 福原愛（卓球選手）
- 張本智和（卓球選手）
- 浅田真央（フィギュアスケート選手）
- 高橋大輔（フィギュアスケート選手）
- 高木菜那（スピードスケート選手）
- 小平奈緒（スピードスケート選手）
- 太田雄貴（フェンシング選手）
- 三浦雄一郎（プロスキーヤー）

※文化界

- 杉良太郎（俳優）
- 池内淳子（女優）
- 北大路欣也（俳優）
- 高橋英樹（俳優）
- 中村メイコ（女優）
- 西田敏行（俳優）

- 菅原文太（俳優）
- 加山雄三（俳優）
- 石山春子（女優、杉村春子）
- 佐野邦俊（俳優、里見浩太朗）
- 沢口靖子（女優）
- 中井貴一（俳優）
- 愛川欽也（俳優、井川敏明）
- 伊吹吾郎（俳優）
- 伊東四朗（俳優）
- 勝新太郎（俳優）
- 松平健（俳優）
- 藤田まこと（俳優）
- 唐沢寿明（俳優）
- 北川景子（女優）
- 野際陽子（女優）
- 陣内孝則（俳優）
- 吉高由里子（女優）
- 米倉涼子（女優）
- 小出恵介（俳優）
- 高畑充希（女優）
- 松たか子（女優）
- 谷崎潤一郎（小説家）
- 山手樹一郎（小説家）
- 平岩弓枝（小説家）
- 松本幸四郎（歌舞伎役者）
- 太田久行（小説家、童門冬二）
- 葉加瀬太郎（ヴァイオリニスト）
- 辻井伸行（ピアニスト）
- 小澤征爾（指揮者）
- 阿久悠（作詞家）
- 小林亜星（作曲家）

- 高倉健（俳優）
- 宮崎美子（女優）
- 三浦友和（俳優）
- 東出昌大（俳優）
- 山本耕史（俳優）
- 仲代達矢（俳優）
- 深田恭子（女優）
- 火野正平（俳優）
- 浅野忠信（俳優）
- 船越英一郎（俳優）
- 武田鉄矢（俳優）
- 沢田亜矢子（女優）
- 植木等（俳優）
- 池波志乃（女優）
- 檀れい（女優）
- 三益愛子（女優）
- 倍賞千恵子（女優）
- 渥美清（俳優）
- 草刈正雄（俳優）
- 三国連太郎（俳優）
- 北村一輝（俳優）
- 谷啓（俳優）
- 村上元三（小説家）
- 夏目漱石（小説家）
- 山口洋子（著作家）
- 宮本亜門（演出家）
- 白洲正子（随筆家）
- 米元響子（ヴァイオリニスト）
- 東儀秀樹（雅楽演奏家）
- 星野哲郎（作詞家）
- 市川昭介（作曲家）

二章 三種の神技

- 山本直純（作曲家）
- 船村徹（作曲家）
- 矢沢永吉（ロックミュージシャン）
- 天童よしみ（演歌歌手）
- 由紀さおり（歌手）
- 川中美幸（歌手）
- 田原俊彦（歌手）
- 西郷輝彦（歌手）
- 西城秀樹（歌手）
- 山田洋次（映画監督）
- 石川啄木（歌人）
- 手塚治（漫画家）
- 辻一弘（メイクアップアーティスト）
- 桂歌丸（落語家）
- 石田芳夫（囲碁棋士）
- 加藤一二三（将棋棋士）
- 森口博子（タレント）
- 岡田准一（タレント）
- 岡田圭右（お笑いタレント）
- 滝沢秀明（タレント）

- 猪俣公章（作曲家）
- 服部良一（作曲家）
- 花柳貴彦（日本舞踊家）
- 北島三郎（演歌歌手）
- 美空ひばり（歌手）
- 宇多田ヒカル（歌手）
- 長山洋子（歌手）
- 近藤真彦（歌手）
- 三波春夫（歌手）
- 森公美子（オペラ歌手）
- 山下清（画家）
- 居川晶子（画家）
- 赤塚不二夫（漫画家）
- 岡村明美（声優）
- 岡本太郎（芸術家）
- 藤井聡太（将棋棋士）
- 渡辺明（将棋棋士）
- 高柳愛実（タレント）
- 萩本欽一（タレント）

※その他

- 橋本龍太郎（総理大臣）
- 枝野幸男（政治家）
- 渋沢榮一（実業家）
- 豊田章男（実業家）
- 白洲次郎（実業家）
- 谷本秀夫（実業家）
- 野口英世（医師）
- 西郷隆盛（武士）

- 池田勇人（総理大臣）
- 三木武夫（総理大臣）
- 岡田克也（政治家）
- 岩崎弥太郎（実業家）
- 三木谷浩史（実業家）
- 堀江貴文（実業家）
- 津谷正明（実業家）
- 角川春樹（実業家）

- 中坊公平（弁護士）
- 田岡一雄（実業家）
- 大石学（日本近世史学者）
- さかなクン（魚類学者、宮澤正之）
- 西川史子（医師）
- 黒川紀章（建築家）
- 玉城絵美（工学研究者）

中国の主席、毛沢東、周恩来、習近平、江沢民、胡錦濤、李先念、鄧小平、朱徳なども流石です。

以上　Top街道を驀進しておられる方々に「三種の神技」の技が含まれてるのに驚くばかりだ。流石と思わざるを得ない。この特異な格数配置の人たちは抜群の推進力を有し、上昇気流に乗り運気を大きく開花させている様に思えて仕方がない。

松平健の1、2と6、7のLine、本名鈴木末七には6、7、8、9の4renがある。本名も芸名も揃って三種の神技がある。凄いとしか言いようがない。同じ上昇気流に乗るにしても、片方だけの人に比べれば一味も二味も違った気流の働きがあるように思う。

例え凶の数字があっても、本人の才能と努力によって大成される方もおられるのも、事実であるが「三種の神技」が内蔵されている方は、そうでない方に比べると推進力に格段の開きがあるようだ。「不運を招く～」（五章二節）に記載しています複合数、三才、五行、陰陽などの判断では、上記のほとんどの人達は災禍を招くなど不運の恐れがあり、良くない名前という。

人生は長い、誰でも紆余曲折はあるでしょう。だがそれらの判断が原因とは考えられない。おかしな判断に振り回されないようにしたいものです。

どうも姓名判断の世界は蛇の道に紛れ込んでるようで、疎ましい限りだ。
　三種の神技を説いてきましたが、善悪の判断はありません。やり遂げるという観点から見ると、たとえ悪いことをしてきた人でも、この組み立てを内蔵する人はおられます。車の運転ではないが右と左どちらに行くかは人それぞれで、心の動きまでは誘導したり読み取る事もできない。少なくとも善悪の判断だけは見極めた生き方をしたいものです。
　とんでもない男（匿名）　天格21　人格24　地格24　外格21　総格45　（2same）
　名前は伏せますが、この名前は最高クラスです。前にも記しましたが、右に行くか左に行くかで運勢は大きく変わります。もし社会に貢献できる事業に手を出していたならおそらく有数の企業のオーナーとなり、経済界にも姿を出し素敵な人生を送ることが出来たと思うがどうであろう。残念なことに判断を間違えたのです。死刑と言うことは人間失格というレッテルを張られたことです。盛者必衰は世の習いとはいえ善悪の見分けだけは誤らないようにしたいものです。
　ところで話は少しずれますが、私は死刑に反対です。先進国として死刑制度があるのは、日本とあと一、二か国あるだけです。人間が人間を裁くのは決していいこととは思えない。法を定め、秩序ある人間社会で生活が出来るよう計らうのは当然のことで、

それを犯せば罪を受けるのはあたりまえとしても死刑だけは良くない。この制度、逆に罪悪ではないかと思います。

「雀の子、そこのけそこのけ、お馬が通る」と小林一茶の句にある。芭蕉は小さな虫でも踏みつけては、いけないからと、奥の細道を杖を突いて歩いた。その心はたとえ如何なる生き物でも傷つけることを嫌ったからだと言われている。

この度（2018年7月）一度に十数人の死刑執行にサインをした法務大臣、人並みの人心を持っているのだろうか。疑いたくなる。デスクに積まれた死刑囚の書類を眺めるだけでサインをしなかった法務大臣は幾人もおられます。その心がうれしかったが、今回は残念です。俗に地獄極楽と言われることがありますが、それはどこにあるかと問われれば、この世がそうだとしか言いようがないが、もし地獄があり閻魔様がいるとすれば、この世の生き様を判断し裁定してくれるのではないか。死刑だけは閻魔大王に任せようではないか。

俗に悪で栄えたものは無いといいます。悪の定義はわからないがこの世に生を受けて、生きとし生けるすべての生き物が、穏やかに日暮らし、動植物の生業のように子孫繁栄のため、生涯をいつくしむのが人の生き様のように思う。鮎はメスを追いかけ川上で産卵のおり、生涯を賭けてエキスを振りかける。それは魚だけではない、人間とて同じです。子孫を

絶やさない定めが、命運あるいは本能が厳然とあるからです。地球の誕生は46億年前と言われています。人間、二足歩行が出来るようになったのは450万年前といわれ、それ以後も綿々と雄雌、即ちお父さんとお母さんの営みが、今あるあなたや私なのです。この営みは自分が生きるためだけではなく子孫繁栄の心が働かないわけがない。

　少なくとも永遠に繁栄し継続する命を求め続けるのは、動植物全ての定めではないか。今、子供が出来ない、あるいは結婚しない、これはどういうことでしょう。

　何億年も続いたこの命を、自分の代で終わらせるということは、神か仏の采配かは知りませんが、あなたの子孫はこの世に必要ないというメッセージで、少なくともこの世から抹殺されるということではないか。嘆かわしいことである。

　結婚する若い人に会うと、二人で子供さんが一人はマイナスだ、二人でプラマイゼロ、3人以上でプラスとなる。ぜひ頑張ってくださいとエールを送ることにしている。

　日本の人口は100年後には6,000万人ほどに減少すると言われています。産めよ増やせよの時代ではないが、頑張っていただきたいものです。

　生まれてくる子供たちは、この地球を未来永劫穏やかに過ごす為の礎になっていただきたいとの願いがある。いま世界で戦が頻発しています。子供の喧

嘩程度なら許せるが、殺し合いは良くない。人の命を何と考えているのでしょう。世界は一つ、人類皆兄弟という言葉があります。それぞれが信ずる宗教、互いに認め合い、譲り合い、自己主張を少し控えめにするだけで、人々は手をつなぎ、この世は平穏に過ごせるように思う。また「欲」というのもきりがない。これは曲者です。あらぬ方向に行きやすい。互いに爪を伸ばさないで、むだな欲張りをせず、謙虚に過ごそうという心構えが必要です。海の中を見ると、小さな魚はプランクトンを大きな魚はイワシなどを捕え、弱肉強食の世界だが、万物の霊長はそれと同じ生き方でいいのか。この狭い地球、遠い親戚より隣り近所、長屋住まいの感覚があれば、国々は平穏に暮らせるでしょう。

　人は周りから助けてもらいながら生活し、社会に役立つ何かをしながら生きる、人の役に立つ奉仕の心、穏やかに周りを見渡す心構えが、これ以後何億年と存続し70億人を超える人が住む、この大地である地球への思いやりのように思う。

　姓名判断とはかけ離れた思いを記しました。ざれごと程度に読み流していただきたい。

　しかし命名とは人を和ませながら日々成長することで、この社会をより平和な世界へ導くため、人の核心でありエネルギーの結晶であってもらいたいと思うがどうであろう。

三章 「姓名判断」を考察する

大変古い歴史を持つ占いは約四千年以上前にさかのぼります。中国先史時代の亀甲文字に痕跡を残して以来綿々と継承され殷、周、奏、漢、隋、唐、宋、元、明、清と時代を経るごとに改良され、今日の四柱推命がほぼ確立されてきた。その四柱推命、陰と陽、木、水、土、火、金はこの地球の成り立ちの根底にあり、その狭間に生きとし生ける諸々の生物が生息し、しかも春夏秋冬が生育の可否を左右するという。

　九星「一白、二黒、三碧、四緑、五黄、六白、七赤、八白、九紫」、十干「甲乙丙丁戊己庚辛壬癸」、十二支「子丑寅卯辰巳午未申酉戌亥」に始まる四柱推命はその生まれた「年月日時間」がその時の天地の推移によって人の運勢が暗示されるとし、生まれた瞬間、人の運命すなわち人生の禍福を斟酌することなく決まっていると。それが先天運であり、後天運は生後の生きざまを、生まれた時点で出来る命運表に基づいて将来を憶測判断するという占術。しかも時間は2時間刻みで判断するので、23時から翌日となる。すると22時59分と23時1分生まれとでは180度違った判断になることもある。何となく不可思議な思いが残る。

　この日本では一日3,000人の出生があります。しかしながら生まれた時間をご存じでしょうか。知らないとすれば「年月日」四柱ではなく三柱で判断することになる。するとこの人たちは同じ判断しかできない。しかもこの方の未来はこんな人生ですよと

三章　「姓名判断」を考察する

言われたら、いかがですか、未来に向かって精進し勤勉に社会に対応しようとしても決まっている人生、気力が萎えることはありませんか。ここに問題があるようだ。育つ環境や社会の変貌、時代の流れにメスを入れられないことです。何か問題の処理を考えるとき本人の命運表から割り出しますがその答えは、判断する人の憶測、推量がまざりあって確かさにおいて疑問が残る。しかも地球の地磁気および緯度経度と時差の違いは中国で生まれたこの四柱推命、日本の風土の生育に合致しているだろうか。同じ年月日時に日本と中国で生まれた人また北海道と九州で、また双子の人たちは同じ運命をたどるといえるのだろうか。先天的な能力、才能など千人が千人、一万人が一万人、隠された能力才能には一人として同じではない。生まれ育つ風土環境によっても生育のあり方が違ってくるのです。

　他に筮竹、タロット占い、オラクルカード、人生相談などありますが、日を変えて、違った先生に同じ質問をしたら同じ答えが返ってくるだろうか。どこまで確かか疑問が残るようだ。姓名は生命に通じ、名は体を表す。名はその意味する物と呼び合うときの響きが生涯にわたってその人間を形成していくのです。そこで考えられるのは命名です。

　命名は「未来開拓志向」と言える、素晴らしい手法です。抱えた問題を常に解決してくれるわけではないが、その名に恥じない知恵が湧き出、あるいは

援助協力者が現れ、時局を乗り越えることが出来るでしょう。世に職種は色々あって3,000とも5,000とも言われます。その中で人それぞれ生まれた環境、先天的に備わった才能によって選択する仕事が違いますが、どの道であれその職種の中で頭角を現すとすれば素晴らしいことではないか。そんな命名の素晴らしさを検案して名づけ、未来に夢を膨らますのが命名の真骨頂です。

格数に潜む摩訶不思議な威力を如何に導き出すか、名付ける折に工夫が足りないと子供に夢を託せなくなる。命名こそ、あだやおろそかには出来ない、親として最大の行為です。四柱推命などによる判断がいいか悪いかはともかく決まった人生栄達が訪れるか、それとも堕落衰退を意味するのか。そんな中で衰退を弱め、人の生き様を好転させるべくヴァージョンアップさせ、人生を一層豊かにできるテクニックがあるとすれば、当然考慮すべきで、それが命名と言うまたとない方策と思う。

姓名判断は中国唐の時代に出現した「名相術」が最初で、日本では明治のころ熊﨑健翁が「姓名の神秘」という本を発刊したのが始まりであり、歴史は非常に浅い。それだけにとらえ方の異なる研究者が交錯しつつも今日曲がりなりに、形を整えて来ました。しかし日常使っている言葉にしてもそうですが、姓名判断も時代と共に大きく変化をしてきた。明治のころに書かれていた文字は相当変化が加えられて

きている。30〜40年前の時代劇映画をテレビで見ると、現在にそぐわない不適切な言葉があると断りが流れる。進歩と言うか時代を経るごとに言葉も文字も変化してきていることを、取りあえず認識すべきでしょう。中国の簡体字などは少し極端なところがあるが、もともと中国から伝来した文字であるのに日本で日常使われている文字は、その字の本来の意味を大切に保存しながら現代にいたっているようです。英語や簡体文字のように文字が記号化されてくると、姓名判断のような絡繰りは発見できなくなる。漢字と言うのは一字一字にその成り立ちがありそれぞれに思い入れがあるからです。人と言う字は一人では生きられない、助け合うものだと、また親と言う字は木の上に立って子らを見守るとか、それらの文字にはひとつひとつ意味と雰囲気を持ち、故郷があるのです。それが人の名前になると、その人の人間像が醸し出され、姓名判断の不思議な本質がにじみ出る由縁です。

そこで命名です。陰陽の配置、五行説などいろいろ言われることがありますが、名付ける折にあまり面倒なことはさけて単純に格数を中心に考えた方がいいようです。総体的に名前の響きや雰囲気、名の意味する物、例えば山田日出夫（山野に日が昇る男）などある程度は留意すべきでしょう。実際にはたいへん難しいが、姓と名は出来るだけ調和していることが望ましい。子は10歳位まではその才能や環境

によってそれなりに成長しますが、名前の良し悪しがそんな頃から働きが顕著に現れ始め、20歳、30歳、40歳と歳を経るごとに加速し、名の示す働きが具現してオーラが体から発散するようになり、晩年の生き様として人をつくっていくのです。徳川家康は72才で天下を掌中にしたが、この人は遅い。早い人は10歳代で頭角を現すこともあります。また苦労や災難が多ければ多いほど大きく飛躍するという格数もあれば、出世街道まっしぐらだとか、生涯金銭に不自由しない格数、女子なら玉の輿に乗るであろう格数もあれば、どんなに真面目に精を出しても落ちぶれて晩年はみじめな生活を強いられる定めを持つ格数もある。

　小さい時からどん底の生活を強いられてきたにもかかわらず中年からもしくは晩年にとてつもなく素敵な人生を送る人、あだやおろそかにできない命名の恐ろしさが歳を経るごとに明確に発揚されるのです。配置される文字の格数によって、その確率は大きく上下する。格数もさることながら、その配列、文字が意味する風格など人それぞれのオーラが醸成されるであろう。神の細工による先天的な素質は如何ともしようがないが、それでも名前のあり方次第で人の能力才能を大きく上昇させ、将来に夢が期待できるよう計らうことが出来るのです。この世に生を受けてより自分自身で将来の自分を作らねばならない。そこで名前の果たす役割が重要となりますが、

将来に夢が持てる素敵な名前で、しかも絶妙な数字の配列を組み込めば、周りに潜むチャンスを確実に掴み取る能力を高めるのです。

　中でも 11、13、15、16、21、23、24、31、39、41画は如何なる困難に会おうとも乗り越えることが出来る摩訶不思議な数字であり、反対に大凶 20、40、42、44 はすぐに改名を。この格数はとても悪い。名前の中に凶または大凶は基本的にない方がいい。但し五格に発展の兆しある絶妙な数字がいくつかあれば、最悪の兆しも相当緩和され、またその配列によっては平穏に一生を過ごすことも出来るでしょう。言えることは姓名判断で 100% でなくとも 80% 以上であれば紆余曲折はあってもほとんど支障ない。絶妙な数字が多ければその人を生かす。総格、人格、地格は吉または大吉であるほうがいい。それは人生の後半をある程度予想が出来るからです。実際には五格全部を見て可否の判断をする。要するに、名前一字一字からなる格数の良し悪しだけでなく大きく作用する組み立てがあるのです。

　また女性に限らず男性でも婚姻などにより姓名が変わったとしてもその人の生まれた時につけられた名、それがその人の生涯のなりわいを相当引きずるでしょう。しかし、人それぞれで、と言うのは格数による判断が良きにつけ悪しきにつけ表に現れるのが早い人、また相当遅い人などまちまちですので、今の自分か、あるいは誰かを見て大きく間違ってい

ると思わないで、いずれ名に潜む兆しが湧き出てくると心する必要があるようです。この考え方をおろそかにしないでいただきたい。

さて、名前などと無関心な人がいます。しかも全く同じ格数であっても神のいたずらか違った生き方をする。格数では判断が出来ないことがある。生まれた時すでに、命運と言いますか神から授かっている天性の能力が人それぞれにあります。育つ環境が人の命運を決めることもある。命名がいかに完璧であっても神の技には逆らえないところがあって命名にも限界ありかもしれない。と言って諦めたら人生惨めだ。人には過去と現在と未来がある。過去の事は肥しすれど忘れていい。あるのは何時も現在即ち今この瞬間しかありません。その今をいかに生きるかが人生だと思う。たえず明日の為に生きるのです。その明日に夢があるか無しかでその生きざまが違う。「十年一つのことに頑張れば神は必ず褒美を呉れる」と言った人がいた。名前に夢を抱かせる名であるなら今日、いや今、この瞬間を勢いいっぱい頑張れるというものです。年を経るごとに悪しきを断ち、昇進と信頼を得、家族円満で生涯を穏やかに過ごせる願いを、そして人生の勝ち組になるべく奮闘する。その原動力に研ぎ澄まされた名前の後押しが物を言う。これだけは確かなことです。

さて悩み多き人は心機一転、上昇気流に乗り換えるべく改名したらいかがですか。「三種の神技」即ち

15、15、23、23（2same）か 13、14、23、24（Line）もう一つは 15、16、17、18（4ren）のように名を変えたとすれば変化は相当早く現れるでしょう。結果は必ず何らかの形で出てきます。改名したら即名刺を作るとか自分で自分の家に改名した名で手紙を書くとか、とにかく改名したことをアピールすることです。戸籍台帳を変えるのは不可能ではないが、色々と条件があり難しいので通名として使用されると良いでしょう。芸能界をはじめ芸術家など運気を引き込もうと改名される方は多い。長年使えば必ずその人自身の体となり、活躍されることでしょう。

　しかし一般的には改名して10代は1年、30代は3年くらい変化が出るのに時間がかかる。即変化が現れる人もあれば、それ以上かもしれない。生まれてからの累積、蓄積を排除払拭するのに時間がかかるのです。

　名付ける折の活字のことですが、草かんむりは6画、さんずいは4画、こざとへんは8画などで数え、古い、いつの時代かわからぬ文字で姓名判断すべきという名付け人がいるが、これもおかしい。文字は時代を経るごとに変化してきた。もしさかのぼれというなら、どの時代の文字にせよというのか。ひょっとしたら象形文字までさかのぼらねばなるまい。時代錯誤も甚だしい。しかも旧字だというが旧字しか書かない時代に発案、考案された姓名判断がその時でもやはり字そのものの画数が問題であってその

時代に常用されてた文字の画数で判断したはずである。時代を超えても絶えず書くそのままが判断の材料であった筈。またある姓名判断の本には苗字が1字、名が1字の時それぞれ上、下に「一」を置いて計算せよという。漢字を使う隣国の人達は皆3文字です。その判定はどうするのだろう、実にナンセンスです。

　名は戸籍台帳に記載し365日自分の名としていつでもどこでも書く名前が即ちその人自身であり、その名が体を表しオーラを形成していくのです。名を判断するのに小細工はいりません。あるがままが一番です。名は体を表す、現に書いている名、その文字で判断しなくて何とする。ひらがなにしてもしかり、進歩のない旧態依然の愚法を守るのは浅はかとしか言いようがない。

　さらに一つ、大工の棟梁の家に生まれ成人して大工の棟梁に、政治家の家に生まれた息子はやはり政治家に、姓名判断による格数の配置が悪くともそれなりにその世界で活躍できるのは門前の小僧だからです。本人の天性の才能もさることながら環境や周りが人を育てる。これはごく自然な成り行きだ。

　しかし親の七光りがなくとも、とてつもない業績を挙げる人、当然のことながら努力あり絶えず研鑽、人に言えない苦難を乗り越えてこられたでしょう。また天性の才能もあるのでしょう。樋口久子、葉加瀬太郎、北島三郎、辻井伸行、堀江貴文、矢沢永吉、

古橋広之進、つんく、松山英樹など前にも多くの人を記しましたが、これらの人たちは格数配置（三種の神技）が内蔵されており、成る程と眼を見張るものがあります。姓名判断には職業の貴賤、善悪の判断はありません。選んだいかなる職業であれTopかTop3か事を成し遂げることができるかどうか、才気と幸運を引き寄せる運を持つか否かを見極めるのみです。ここのところが小生の姓名判断の真骨頂なのです。

三章一節　五格と組立てについて

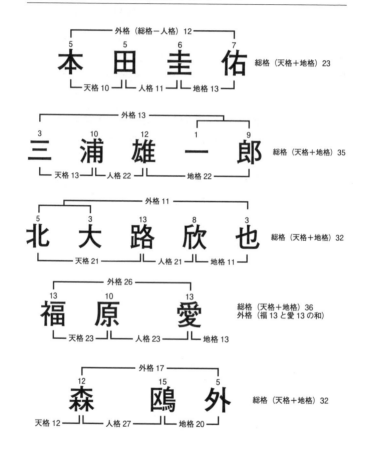

　◆姓名は「天格、人格、地格、外格、総格」この5つに分けて判断する。

天格 5%（苗字全体の画数。実のところこの％もっと多くすべきかも知れない）

苗字には色々といわれがあり、先祖をしのぶこともできます。祖先伝来の侵しがたい伝統ある一族の名です。また日頃苗字で呼び合うことも多い。

人格 23%（苗字の下1字と、名前の上の1字の数を加えた格数）

神仏即ち先祖から受け継いだDNA（遺伝性能力、体力など）、すなわち先天性の才能を加味して仕事や家庭運を含め如何なる生き様を具現するかを問われる。およそ中年の頃までを見ることができ、姓名判断の中核を暗示することになる。

地格 27%（名前の格数）

本人の才能能力で大きく飛躍できるか、あるいは降りかかる災禍など発展か衰退か生涯に渡って生きざまを見ることできる。地格はその人そのものであり、健康運なども見ることができ、どんなに成長するか、あるいはしないか生涯にわたっての生きざまを見ることができます。人との付き合いにしても名前で呼びあうことも多い。その響きも大切です。

外格 15%（名前の総格から人格の数を引いた数、但し苗字、名前が一字の折は計算の仕方が違います。左頁の格数仕分けで確認ください）

人間関係、対外的な信用度、援助手助けか、あるいは事故なども含めて、自身に起こる外部からの事柄や評価、要素を予知することが可能か。

総格 30%（名前の全画数）
中年以降、特に人生の後半と本人の生涯像を垣間見ることができます。この格数だけは吉か大吉がいい。凶だとおそらく他の格数がいくら良くとも、意味する暗示が表に現れることもある。もっとも気を付けたい格数です。この格数だけで総合判断が出来ることがあります。

さて天格の5%とは、日常、苗字で呼びあうことが多い、苗字は一族を表しそれなりに雰囲気を作り、しかもDNAを人格で共有する。総格の50%を天格が占め、このウエイトは侮りがたい。この割り振りは小生の独断。疑問に思う節がないとは言わないが相当数の人たちの名前を分析して来た結果です。

実際には苗字の格数は凶であってもほとんど気にすることはありませんが問題は名前の方です。三種の神技を含む名や吉数ばかりの素敵な名前であるならば、何の問題もなく自動車の運転ではないが、安全運転をするべく苗字の凶がリードしてくれるところがある。しかし悪い格数が多い時はその凶が助長するきらいがあって事故や衰退災禍に見舞われることがありそうです。名前だけは慎重に配慮して付け

るべきでしょう。

　一説に、人の生涯は「遺伝、環境、努力」の三本立てで決まるといいます。天格は遺伝「DNA」を意味し、人格は環境をつかさどり、地格は本人の努力が運勢を決めるとする見方です。遺伝子とは生命のシグナルであり、環境は人為的、後天的に変化でき、努力とは精神的な要因を含め、本人の覚悟が人生を左右するという。気合の入った生きざまは遺伝子に「ON」のスイッチが入り運勢を大きく変貌させるに違いない。加えて「三種の神技」を含む名前は、運勢を強力にバックアップすることでしょう。また天格は過去、人格は現在、地格は未来とする見方もある。

　少し話がずれるようだが、最近親を粗末にする傾向がままあるようです。親は先祖であると同時にDNAを伝え継ぐ苗字でもあります。その苗字をおろそかにするのは自分で自分を傷つけることにもなり、自滅することになりかねない。素敵な未来が訪れるとはとても思えない。伝統ある苗字、即ち親を慈しむ心があれば、例え名の格数が悪くとも先祖の遺徳か、後押しがあり、運勢は開花し、幸運が舞い込むのは必然の成り行きでしょう。

　この考えは人の心や日常茶飯事まで覗き見ることはできないため、姓名判断を狂わせる要因のひとつでもあります。

　話を戻しましょう。姓名判断の基本はこの五格の数字とその配置がすべての判断の素です。

その数字は1〜81画までを大吉、吉、吉凶相半、凶、大凶のタイプに分類仕分けしてあって、手軽に買える本、例えば神宮館発行の「神宮寶暦」をご覧になれば各数字の吉凶がわかります。小生も参考にさせていただいています。格数の解説判断にいくつかおかしいと思う節もありますが、おおよそは判断の材料にするといいでしょう。ただし、ある姓名判断の本の中身は、時代錯誤も甚だしく旧態そのもので、いくつかの根本的な間違いがありますし、しかも画数表でも間違いが多く、必ず辞書などで確認してからにしてください。命名か改名いずれにしても、各格数の在り様で運勢は上昇気流に乗れるか否かの正念場です。最後にこの姓名判断、分析が完璧かと言うと判断が付きかねる人もごく稀にいる。神のいたずらまでは見ることはできないようです。しかし数多くの分析の終着であるこの姓名判断、必ず人は名前に潜む摩訶不思議な力に翻弄されるでしょう。

　ある時、人生と言うのは丁半博打のようなものだと言ったらすごく叱られたことがあった。しかしよく考えるにこの人と結婚しようか、ここと取引したがいいか、買い物にしても買うか買わずにおくかとか毎日の一事一事がyesかnoの繰り返しであると思う。姓名判断による素敵な名前を持つ人は良い方へ選択する確率が高く、よくない格数を持つ人は悪い方を選ぶ確率が高くなる。そういう良い方の選択が自然にでき、勝ち組に誘導するのが名前に潜む不

思議なところだと理解いただきたい。とは言え、善悪、良し悪しの判断ですが、この丁半は表裏一体であり大きく人生を左右することになりかねないのも事実である。

　さらに蛇足ですが、とてつもなくいい名前を持つ友人がいます。しかし、人生、大波小波に翻弄されるものなのか、日々奮闘してるにもかかわらず今従業員の給料にも事欠き苦境に立たされ廃業しようかとも考えているようです。現在その男、齢41歳、人柄良く周りからも慕われる男で、脇から見てるがあの努力家のことだからおそらく、5、6年後には必ずこの谷底より脱出し立て直しに成功、笑顔で訪ねてくれるものと信じています、姓名にある格数の素敵な配置に偽りはない筈、秘められた格数の威力によって舞い上がることであろう。何年か先に彼のことを報告する機会があればお知らせしたいと思います。

三章二節　数字について

◆出来るだけ避けたい格数

10、12、20、22、40、42、44

この数字を格数に持つことは避けた方がいい。特に20、40などはインパクトが強いようです。坂本九、田宮二郎、芥川龍之介、藤圭子、牧伸二などのように相当のダメージを被ることになりかねない。これ等の数字が生涯に何らかの災禍を招くであろう、そう予告するのみです。姓名判断には絶対とか必ずという言葉はありませんから、言い切ることはできませんが、数多くのデータが人々の在り様がこういう判断をするのです。ただ如何なる試練にも立ち向かい血の滲むような努力をすれば、たとえ凶の格数が多く問題ありと言われても相当緩和され、上昇気流に乗ることも可能、これも事実です。

それでも、これらの凶数は何らかの悪弊がにじみでる要因がなくなるわけではない。

◆幸運を招く使いたい格数

5、11、13、15、16、21、23、24、29、31、39、41

5は大大吉と評価しすべての生育をつかさどり、子孫繁栄事業発展数です。13は棟梁運であり、抜群の推進力を秘めているようです。15は穏やかな性格、信頼を集めTopに。23は凄い後押しがあり、知らず知らず自分の才能を伸ばすと暗示。24は金銭に不

自由しない。39は如何なる災難が押し寄せようとものともせず打ち破るという発展数。こんな数字が2、3個あればまずは人生安泰、一層大きく飛躍することでしょう。だが判断がいいからと言って座して運が開けるわけではない。エジソンは「1％のひらめきに99％の汗」と言いました。日々怠りなく精進が大切、怠ければ当然衰退し下降線を辿ることになる。人は日々一所懸命諸事万端に立ち向かうのが定めのようです。

　この世の始まりに言葉は神と共にあり、また言葉は数字と共にありきではないか。この宇宙のなりたちから、生きとし生ける人間の不可欠の要素であり、この宇宙すべての生育になくてはならない元素のようなもののように思う。

　数字と言えば、今日は何日かに始まり何時に起きて会社は何時から始まり、物を買うにもお金の勘定と、日常生活には不可欠のアイテムであり、もし数字と言うものがないと生活のすべてが混乱することは間違いないでしょう。その数字に、それぞれ個性があり、秘められた吉凶があるとすればチョット知りたくありませんか。数字の如何によって人生の禍福を推量する。日本の神道では数霊、言霊（コトダマ）、欧米では数魂、数秘とも言い、数字には深い秘められた意味があるといいます。その数字に対する考え方に諸説あり判断に迷うところがあって、姓名判断の折にも苦渋することがある。

それではと多くの人名を検索し、一定の目安をつけるべく数年の年月を費やしてきました。完璧とはいきませんが、その概略を掴み、数字の評価を取りあえず定め、寸評を試みたのです。多少の無理があるかもしれません。
　ここで数字の基本である１～９に０までの、その中に秘められている暗示について。

　◇「１」　奥の深い数字の様です。数の基本数、宇宙に存在する全ての始まりであり強い生命力が内蔵され独立繁栄の暗示在り。大宇宙の創生とも考えられ夜明けを意味する。また純粋無垢と言うか他に侵されることなく第一歩を踏み出すめでたい数字とも。夢と希望を膨らませてくれる朝日の輝きのようなものである。特に11、21、31、41など大吉祥数棟梁運があり推進力もあり、如何なる業務に携わろうと挫けることなく前進することでしょう。

　◇「２」　二つに分かれると見、分裂、離別、不安、崩壊を意味し、いい数字とは言えない。この数字は破壊を意味し、どんな仕事をしようとまとまりがなく、友は離反するし家族はまちまち、資産は散逸するわ、ほとんど救いようがない様です。だが二股を制するという言葉があります。それは本人の才能如何にもよりますが、二番手、即ち会社でいうなら専務とか常務の位置にあればそれなりの活躍があ

るかもしれない。一面楽しみなところもないではない、要するに一歩下がって考え行動することが、この2に含む暗示ではないかな。

◇「3」 3本足は鼎(かなめ)ともいい、安定を意味し、しかも太陽に例えられ、沈むとも朝になれば必ず昇るごとく不屈の精神が宿る。創作、生産、人間関係、客商売など能力を発揮します。ゆるぎない信念と確固たる将来への夢を持ち、着実に階段を登る暗示在り。

他のどんな数字と交わろうとも、この3は秘めた力が強く他をリードする働きがあるようだ。例えば格数31など3と1の合体は破竹の勢いをもたらす。名前にもっともほしい格数の一つでもある。

◇「4」 分裂数、4は死に通じ、しかも2が重なるということで破滅、衰退、崩壊など判断ではもっとも感心しない、最悪数の一つで、命名では避けたい数です。これは2＋2＝4で支離滅裂を意味し、まず救いようがない。2が二つ重なるということは2の悪弊を2倍するということになり、到底現状維持などとんでもないことで、とことん落ちるべくして落ち込むことでしょう。救いようがあるとすれば二ケタの数字の時、片方が1、3、5のような素敵な数字とスクラムを組むことで、4の悪弊を若干ゆるやかにすることもあるようだ。それでもやはり問題は

残るであろう

　ところが注目すべき数字があります。4は大凶と評価し14も同様ですがこの14、1＋4＝5となり、抜群の推進力を含み、またとない絶妙の数字に大きく化けることがあります。
「姓名判断その寸評」でも記していますが、ひょっとしたらこの14、吉または大吉かもしれない。

　◇「5」　富貴繁栄を暗示した数、大大吉、大器晩成型、人にも好かれ束ねる能力ありて階段を登りきるでしょう。この数字は人心穏やか、何をしようとまずは成功します。如何なる困難にも立ち向かい初志貫徹の大成運数である。

　5は基数と言い、1から9の丁度真ん中にあり左右を見極める働きを持ち、しかもお山の大将であるから上り下りの分岐点である。だから6以降はどうしてもマイナス要素を含む事になる。ところがどの姓名判断の本でも格数「55」は凶とある。どう考えてもおかしい、5＋5＝10、加えると1、全てを上昇気流に乗せるという暗示なのに、どうしたことか、どう考えても吉または大吉にしたいのに凶とは疑問を残すこととなる。

　◇「6」　神仏の数ともいわれ、新約聖書では獣の数字と疑問視されるが人との出会いによって人生を大きく変化させることあり、勝負強さや逆境に

負けない精神力、忍耐力がある。この数字は 5 + 1 = 6 とし大発展数の組み合わせのため大吉と評価する。天与の徳を得て一生安泰、抜群の推進力を保有し、何事も成功に導くでしょう。ところがこの 6 を分解すると 2 + 4 = 6 とも言え、2 と 4 は凶のダブルパンチ。悪い数字のため内部に何か災禍が含まれているようで気になる部分がある。そこで大吉の要素も多いが、吉とした所以である。ところが注目すべき点がある。この格数「2 と 4」、この 24 を名前に持つ人を多く見てきたが、金運が付いて回り、女子ならば玉の輿に乗る兆し在りと、何か凄い暗示が隠されているようだ。この「24」、男女とも外格、人格にあるが一番良い。地格もまずまずかな。だが総格には男子にはいいが、女子にも悪いわけではないが避けた方がいいようです。

　ところで菊池寛（小説家）「易と手相」の随筆の中で若き頃、湯島天神境内にいた一人の手相を見る易者に冗談半分に見てもらったら 30 を越えたら栄達し、金銭に不自由しないと言われた。まだ文壇に登場する事など夢にも思わなかった頃の事、だが後年ことごとく的中したように思うとある。菊池寛の名を調べてみたら外格に「24」がある。

　名前にひそむ暗示は、手相にも反映するようだ。不勉強な小生には衝撃の邂逅（であい）だ。姓名判断では起こるかもしれない事態の予測が出来ても、何年先かは読めない。姓名には手相、人相が追従するようで、

三界の輪廻か、起承転結か。序論、本論、結論と言ったほうが適当かもしれません。最初に名前が「起（おこ）し」であり、秘める暗示を手相が「承（う）けつぎ」人相で「転結」する。ある仏典に相性、体力、作、因縁、果報、本末究竟等という言葉がありますが、これらは人生行路のようで、人のなりわいの縮図かもしれない。姓名は手相に、最後は人相に帰着する。この考えはあながち脱線しているとも思えないがどうであろう。

◇「7」 繁栄と分裂を併せ持つ数。ある数霊の判断では大凶と言いますが機を見て敏、状況の変化に柔軟に対応する能力ありと判断する向きもある。一応半吉と評価しているがどちらかと言うとマイナス要素が多いかな。これは 5 + 2 = 7、大成運数に分離破壊の暗示を併せ持つ。西洋の数霊術では7は最悪の数字と評価し、俗にラッキーセブンと言われていますが、これはネイティブアメリカンからと聞く。それは7は東西南北、天と地、中央に自分を置いて数えれば7となる。一面唯我独尊に例えると叱られる向きもあるが、この世に生を受け環境になじみ生きていこうとする人には、一人よがり、身勝手、自分さえ良ければの意味があるようで、嫌う向きがあるようだ。そこで吉の要素も強いが迷いに迷って半吉とした。どうしても2のマイナス要素はぬぐいきれないからだ。

◇「8」　八方塞がりを打破し末広がりと忍耐強く根気の良さが取り柄、上昇気流の乗る兆し充分あり、5 + 3 = 8で文句なしの大吉でしょう。5にしろ3にしろ、大発展数であるこの数字に苦言を呈するなんておこがましい。間違いなく安心立命の大成運数である。

　ところが2 + 6 = 8の考え方もあるようです。こんなところからか格数28を凶としてるかもしれない。ひょっとしてこの8は5に比べわずかに吉のエネルギーが弱いかもしれない。

　◇「9」　究極、孤高、終着の意あり。窮するにも通じ前半良くとも後半下降する、理論的に物事を考え追求し、粘り強く推し進める気力あり、素敵な推進力を秘める数でもあります。だが山も頂上にあれば後は降りる以外ない。これは5 + 4 = 9、大成運数に支離滅裂というとんでもない組み合わせとなり才能如何によっては抜群の成果を挙げるが後半落ち込むという縮図かもしれない。日本アルプスの尾根を縦走し、高嶺を見続ける暗示はないわけではないが。どうしてもこの山、降りるしかない。やむをえず吉凶相半とした。

　しかし29、39は大吉としているが、9、19の評価は低い、なぜ評価が低いのか理解に苦しむところだ。姓名判断寸評の中で問題提起しているが、19は1 + 9 = 10 → 1 + 0 = 1となり、他の如何なる数字も近

寄ることが出来ないほどの絶妙な数字となる。多くの人を見てきましたが凄いエネルギーが隠されていて、後押しあり大きく飛躍し素敵な仕事をされている方が多いのも事実です。上昇気流に舞い上がる飛龍の趣が潜むと思うがどうであろう。大吉でなくとも吉と判断すべきかもしれない。

　この勘定で39はいいが29を見るとどうも働きが弱く見える。この考えは不遜かな。

　◇「0」 0は無であり、無味無臭、無色透明、無為、無知など姿形がないのだから何一つ語るすべはないが、無に帰すという言葉があります。「無より何物も生ぜず」と言われることあり、またある宗教では「無からの創造」などと解釈しているところもあるが、他の数字と交わる時いつも足を引っ張るところがあるようだ。つまり、もっとも頂けない数字の一つ。しかし同じ足を引っ張るにしても　1、3、5すなわち10、30、50のとき、凶であるマイナス要素の働きを弱くすることがあり落ち込むにしても他の格数次第で割と穏やかに過ごせるかもしれない。この辺の判断は少し難しい。でも、やはり20、40だけはどうにもならない。

　◇基本数字である上記の考え方は姓名判断の格数1〜81まで、その数字の吉凶の判断をする根底に潜むように思う。

◆余談になるが、数字を使うのは人間だけだが古代エジプト数字、バビロニア数字、アラビア数字、マヤの数字、古代中国の数字、ローマ数字、ペルシャ数字、インド数字とさまざまある。数えるという行為は言葉と共に発達してきたようだ。数字の初期には人間の指の数を基礎としたものがほとんどで、100の位、1,000の位がどの時代にできたのかわからないが、零の記号を初めて使ったのは、紀元前300年頃バビロニアだと言われている。当時の零の記号は現在の0ではなくWを横にしたような形だった。0の数字が出現するまで空白にしていたようだ。

　そして今日世界で共通して使われている1、2、3、……0という数字はアラビア数字（インド数字とも）と言われているが発生はインドである。インドで使われていた零記号を含む数字と十進法位取りの数字が西欧に伝わり、イスラムにおいて少しずつ改良され12世紀頃ヨーロッパに伝わり修正されていった。そしてヨーロッパの文化的・政治的優勢もあって急速に世界中へと広まったようだ。アラブ諸国では、右から左に読み書きするため、違った数字の表現方法を今も使用してるようだ。日本ではアラビア数字と漢数字を使用している。右から左と言えば漢字もしかり、部屋に掛ける額など右から書くが、これからの人達は読み間違うのではないか。

三章三節　占いについて

　占いにはどんな種類があるのか。

　各種ある占い、どなたでも一度は尋ねられたこともあると思いますが、どんな答えが来て、納得されたのか伺いたいものです。勿論否定するつもりは全くありません。素敵な判断をされる先生もおられると思います。参考にされたこともあったでしょう。

　手相、人相、印相、筮竹（算木）、おみくじ、星占い、四柱推命、密教占術、墓相、占星術、算命学、夢占い、ホロスコープ（星占い）、運勢暦、夢占い、タロット占い、ダイズ占い、風水、ベェルニベェルニ、家相占い、開運の母「咲月」、紫微斗数、太乙命理、七政命理、数霊秘術、九星気学、六星占術、０学占術、誕生日占い、「卜」占い、周易、五行易、ホラリー占術、水晶占い、辻占い、奇門遁甲、宿曜占星術、血液型占い、姓名判断、易、スピリチュアル鑑定、ルーン占い、霊感による霊視、守護霊交信など、どんな占いの方策を取られるのか知らないが、まだまだあるでしょう。

　このように占いには色々ありますが、大きく「命、卜、相」3種類に分けられるようです。

　1、　命（めい）とは、生年月日、生まれた場所と時間といった普遍的な情報をもとに占う。

　主に「占星術」「天文学」は表裏一体のものと考えて算命学、太乙命理、占星術、ホロスコープ、九星

気学、密教占術、四柱推命などがある。

2、　卜(ぼく)は偶然と必然を見い出し、事柄・事態の成り行きを導き出す占いでサイコロやカード、筮竹などで偶然に出た目で判断しますが、同じ質問はタブーとされてるようです。(奇門遁甲、タロット占い、おみくじ、岡易など)

ホラリー占術のホラリーとは時間という意味でその瞬間を占う占術、今どうあるべきかを問うとき答えは「イエス」「ノー」しかないようです。

3、　相とは手相、人相、姓名判断、夢占い、墓相、家相など今ある姿形を見て、判断するということではないかな。

占いは宗教と関係が深く、神託を伝える為の儀式であったり、朝鮮では4世紀頃「占いとしての博打」を取り入れたこともあったようだ。旧約聖書では邪悪な行為として退けられたが、イスラム世界では占星術が幅広く行われていたようだ。欧米では割と占いは盛んであった。仏教では一応禁止されているが、チベット仏教ではサイコロ占いが仏教の教えと矛盾しないものとして行われ、サイコロ占いの手引書まであると言う。

さて占いと言っても各種あってどの占いを信用するかは自由です。たしかになるほどと思える答えを出してもらえる術者もおられるでしょうが、こだわりすぎると、迷路に迷い込むことになりかねない。参考にすれど、それが人生の全てとは考えない方が

いいのではないか。邪見かな。

　丁半博打ではないが人生を左右するかもしれない「イエス」「ノー」の判断はどこまで信用してよいか迷うところも多い。自分の人生、他人に任せていいのか。心を据えてお付き合いしたほうがいいようだ。

　※最近小生の友達で算命術、密教占術に相当の見識の方がいるが、今は手相を勉強している。一日、二日で変わることもある手相、指紋と同じで「手紋」は世界唯一で一人として同じものはない。それだけに難解なところもあるようです。左手は過去を表し、右手は未来を語るそうです。「数字について」でも記したが名前に潜む暗示に追従するように手相は変化する、それは右手に現れるという。命名というものが如何に大切か、それは未来を語ってくれる道しるべではないか。名前というのは、それほど大切である事を諭してくれるようです。彼の勉強の成果が出て、小生の手を見てどんな話をしてくれるのか、今から楽しみです。

四章　姓名判断吉凶画数評価

【1】 大吉 リーダーの素質十分。万象の基本数、意志強固、不安材料全く無し。豊かな知性と感受性に恵まれ、独立心強く他人からの信頼度も高い。気迫、能力を併せ持ち、富貴長寿、福徳円満の趣あり。ただ一つは慢心しない事かな。名前にこの数字がある時、おおよそ上昇気流に乗る運気を孕むようだ。

【2】 凶 全てにおいて分離の意在り、意思も弱く自分から積極的に動くことなく、仕事にしても気力乏しく、挫折しやすく、家族縁薄く、艱難辛苦にみまわれる。離婚死別の兆し在り、何事にも慎重に、健康に気を付け穏やかに周りを見続けることが大切であろう。

【3】 大吉 頭脳明晰で気力、勤労意欲旺盛。情緒豊かで早くから頭角を現す。変化創造の基本数、自然の恩恵あり。精力的バイタリティ型、他からの協力もあり仕事、家庭、友人等不安はなく、協調性に注意さえすれば、どんな仕事に従事しても全く心配はないでしょう。13、31、33など3と並立するときそれなりの働きを内に秘めることあり、ラッキーな数字である。

【4】 大凶 苦難の連続で一生懸命。分離破産の凶数。不運不幸の暗示。依存心強く信用なく金運なし。家庭運薄く、病気や災難に遭いやすく、どうし

ても思うように運ばないこと多く、心配事多く気の休まることがないでしょう。不満多くとも外部に八つ当たりしないことが、救いの一つかな。

【5】　**大吉**　健康でハツラツ人生、好奇心旺盛でエネルギッシュに活躍できる。天恵の幸運を受けて心身壮健、福禄長寿の恩恵あり。あらゆる悪弊を吹っ切る暗示あり。温厚で誠実、社交性もあり友人知人多く素敵な人間関係を築けます。開拓精神旺盛であり着実に成功への道を歩み、経営能力もあり事業を起こすなど、確実に自分の地位を上昇させることができ、家庭運にも恵まれ、経済的にも苦労は少ないでしょう。国際人の運もあるようだ。

【6】　**吉**　天与の徳を得て一生安泰。性格的には温厚な親分肌で、面倒見がよく人望ありて周囲から信頼され、何に携わろうと順調に進展する。紆余曲折があっても穏やかな性格で、人に対する気づかいがあり、援助協力を得て必ず名声と繁栄を得られるでしょう。質実剛健、心身共に恵まれています。家運を興す。長寿タイプかな。

【7】　**半吉**　強い意志も強情に注意しないと迷路に迷い込むことあり。社交性あるものの協調性ないと孤立しやすい。感覚が鋭くすべて順調に推し進める手腕はあるが、逆に周りを惑わすこともある。何

らかの災禍が潜む恐れがあるも、万難を排し独立強運があって目的完遂するであろう。人との調和を考え余裕をもって諸事に当たられるがいいでしょう。

【8】　**大吉**　進取の気に富む発展数。強い意志を持ち、困難をバネに土台を固め目的を達成する。人と争うこと少なく、勤勉に、地道に努力すれば、味方も多く現れ、徐々に成功への道を歩んで繁栄するでしょう。如何なる難儀も切り開く運を持ち、末広りで縁起が良く、健康で活動力、特に女性にいい。独断的な所あり。行動には注意。

【9】　**吉凶相半**　他の格数にもよるが特に人格外格にある時、繊細な頭の良さが運気を掴み、上昇気流に乗り大成することあり。だが人生後半に崩れるおそれが稀にあり。精神面でも気苦労多く、災禍など不運にまみえる兆しあり。慎重ならざれば人間関係不和、両親離別離婚など良くない暗示も潜む。

【10】　**凶**　孤独で苦労が絶えないが、才能あり。飛躍する事もあるが、短命貧困病弱孤独の暗示。優柔不断で周囲との関係に気をつけたほうがいい。人を妬み、結婚運が芳しくないきらいがある。この10にある「0」は全てを無にする意味があり、物事をなすなどということは、基本的に期待できない。だがこの10、1＋0＝1と判断することもでき、何か運

気の潜む趣もある。

【11】　**大吉**　温和で誠実な性格で人から可愛がられ、健康聡明人柄良く協力者現る。一時的に苦労することあるも堅実で着実に安定した発展をするであろう。起業、廃家を興すなど新機軸を。ただし実家から離れる暗示もある。

【12】　**凶**　八方塞がりの問題数。何をしてもつまずき易く、中途半端に終始するケースが多い。病弱、孤独、災難がついて回り不安定。努力家ではあるが、失敗して起きあがるのに時間かかる。

【13】　**大吉**　智謀才覚に富む忍耐数。特に段取りや、謀りごとにおいて優れた才覚を持ち、事業家で成功しやすい。遅くとも40代には大きく飛躍するでしょう。政治家志望の方にぴったりの格数です。苦難が大きいほど大いに躍進することあり、強力抜群な威力を発揮する数字、人格にほしい格数でもある。

【14】　**吉凶相半**　いつも精神的不安要素あり。不満も多く挫折しやすい。内蔵、呼吸疾患に注意。子孫に恵まれず、家庭環境にひずみを醸しだすことあり。総格にある時は少し問題だが、外格か人格にあるとき人を纏める力量あり。また英気を発し格段

の働きをすることもあり、事業など成果を挙げることも稀ではない。しかもこの数字、五格に配置される場所によっては大吉にしたいほど運気の良さを秘めていることもある。政治家など特にいいかな。

【15】　**大吉**　人柄良く信望集めてトップに。数字に強く管理能力あり経営能力充分、不安なし。海外でも活躍できます。若くから頭角を現すでしょう。順調に成功の階段を昇り、金運、家庭運も上々。福徳円満の運勢でしょう。特に外格、地格にある時働きが大きいようだ。女性にこの数字があるのは良妻賢母型でしょう。

【16】　**吉**　慕われ一匹狼タイプ。親分肌。洞察力、判断力、行動力がありピンチを打破し、自己の才能を飛躍させる兆しあり。上下に慕われリーダーとして事を成功裏に導くことができるでしょう。独力にて新規開拓する運命も併せ持つ。特に凶を吉に変えるなど強運があり、女性は晩婚かキャリアウーマンか。ひょっとしてこの数は大吉にすべきかもしれない。

【17】　**吉**　意志強固にて大志大業をなす、誤解されやすい暗示があるも想像力ある仕事につく。協調精神を養いつつ、努めていけば根は吉数だから大きく発展するであろう。天徳による優雅な幸運数。

相手の話に耳を傾ける癖をつけるべきかな。

【18】　吉　智謀の才に富む発展数。仕事面では忍耐強く一つ一つ積極的に取り組み、前進するでしょう。野心家であり負けず嫌いで運命を切り開く力を持つ。交友関係を広く築けば、苦労があっても晩年は安定するでしょう。だがこの数、他の格数が悪いと何か異常をきたす恐れあり。

【19】　吉凶相半　予期しない不運に遭遇するきらいあり。生涯孤独、短命、厄難、波乱、不吉要素が潜む。自分に甘く他人に厳しい。だが9と並んで人格か外格にある時、運気を上昇気流に乗せることあり。直観力があり凄い推進力を秘める趣もある。19は「行く」とも読め、意外に行動力があっていかなる仕事も成功に導くことあり。

【20】　大凶　厄災が付いて回る。意志薄弱。人が良く騙され誤解されやすく、諍い絶えず身を持ち崩して家庭崩壊か。病、別離、不成功、不吉の兆しあり、事業など失敗するケースもあり。他の格数次第であるが、意思堅固にして諸事万端に対処すれば吉運が舞い込むこともある。だが晩年孤独が特徴、生涯大志を抱かず地道に地道に。

【21】　大吉　独立心が強く堅実に事を進め事業

家で成功。参謀に恵まれ知徳名声を博し繁栄します。特に晩年に著名人となることも稀ではない。安定した生涯であろう。ただし異性との問題には注意が必要。女性は結婚など凶運の兆しがあるが、独立独歩の気概があるため、キャリアウーマンとなり晩年は優雅な暮らしが待っているでしょう。

【22】　　凶　依頼心強く見栄っ張り。不平不満が多く、選んだ職の中で苦労を伴い自己中心的で孤立しやすい。全てにおいて中途半端、病弱無気力、崩壊の暗示が介在する。他の格数によってはごくまれに金運、家庭運ともに吉にもなろう。

【23】　　大吉　独自の発想力。努力結晶の大成運数、悪弊を吹っ切る趣あり。いかなる労苦もいとわず苦労の中から身を興す。一匹狼で力を発揮し独自の道を開き、知らず知らずのうちに自分の才能を伸ばし、一代で事業を起こし財を成す。富貴繁栄の大吉数だが調子に乗らない事だけは注意かな。女子はカカア天下の相。

【24】　　大吉　お金に苦労しない暗示が潜み、経済的に安定する。健康の不安もなし。財産もでき、金銭に何の不自由なく不安材料がない。資産家との縁がありその手助けで大成していくでしょう。女性は玉の輿に乗るチャンスに巡り合い、晩年も不安な

し。運が強いため妬みを買うことがあるかもしれない。

【25】　吉　気が強く協調性に欠けるところがあり、独断で事を進めたりして誤解を招く恐れもあるが、果敢に対処することによって苦難があってもやり切るでしょう。ハッピーエンドの人生。内面は頑固だが苦難を乗り越え晩年も良い。女性はキャリアウーマンの資質充分。

【26】　半凶　根気もよく粘り強さもあるが、絶えず吉凶の繰り返し。不安定な状況のなか波乱含みの生涯の様だ。才能あるも常に幸不幸の表裏一体。大飛躍を遂げる人もいれば失意のどん底に落ちる人もいる。家庭的、経済的、経済的に寂しさが漂い、孤独感がひしめくようだ。

【27】　吉凶相半　英知才能あり、ど根性もある。猪突猛進型で自我が強く中傷を受けやすい。だが苦境を乗り切る何かがあり、和合協調精神があれば運は大きく開けることあり。周囲のトラブルに注意。仮に晩年が不遇でも乗り切るでしょう。だがわずかに失意の暗示が潜むようだ。経済的に恵まれても精神的に不安定さが残ることあり。

【28】　凶　離別と不和の暗示。一見柔和で人当

たりがいいが感情の起伏が激しく、利害がからむと周りが見えなくなることあり。論争裁判に遺産相続、家庭不和などにも注意。身内に縁薄く精神的に疲労することあり。波乱変動ありの暗示が潜むものの、一つのなりわいに精進して邁進すれば、大きく飛躍し大業を成すこともある。ただし、それでも衰運の兆しはまず避けられまい。

【29】 吉 志望をとらえて大成功。智謀才覚に優れ大業を成す。あらゆる悪弊を吹き飛ばし、地位、財産急上昇。自我を出さないよう。女性の場合は運気が強すぎるため結婚運が良くない。大吉と評価したいところだが少しばかり減速の要素が潜む。

【30】 半凶 格数の配置によっては行動力、人望ありて大きく成功、格段の幸運が舞い込むことあり。ただ自尊心強く、浅慮のため後半浮沈の波が押し寄せ、運気低迷する事あり。晩年孤独の趣あり。特に総格は避けた方がいい。

【31】 大吉 天性の才能と幸運を併せ持つ。行動力や人望があって成功。中年以降は運気が急上昇し、進取の発展数との判断も可能。自尊心が強く温厚で人情味、人望もあり。実力もあって初志貫徹の趣在り、苦労も神からの試練と受け止め、着実に改革、再建に力を発揮し大きな成果を挙げるであろう。

パートナーに恵まれると一層飛躍、経済的にも安定する。ただし女性には運気過剰。最も強い運気を持つ格数の一つである。

【32】　**大吉**　棚からぼた餅の強運。一芸に秀でて地位財産をなし、衆望を集め、破竹の勢いの僥倖運数。苦境に立たされても乗りきるパワーとバイタリティーがある。たとえ土壇場に立たされても、必ずどこからか手助けがあり、幸運が舞い込むラッキー数。ただし逆転の危険性もわずかにある。

【33】　**大吉**　強烈な個性と間違いなく上昇気流に乗る強運、帝王運数。凄い指導力、統率力を発揮し人柄も秀逸。病、事故不安なし。ただし他の格数により一歩遅れること稀にあり。女性には過強運。

【34】　**半凶**　地道に地盤を固め、いつの間にやら地位財産を築く。人望もあり、社会的にも歓迎される。ただしいつも余計な苦労が絶えない数、破産、病難を招くおそれや短命の暗示もあるが、杞憂かな。

【35】　**吉**　専門分野で頭角を現わす。13、15、21、23、39など、大吉と、同居することがあれば柔と剛が　調和して大成していきます。2つ以上あるは特に大吉。どの世界でも名声を博すきらいあり、性格も良く、衣食住に不自由することなく幸せな人生

でしょう。女子には大吉。

【36】　**吉**　努力が報われ大きく飛躍するも親分肌が災いし、災禍を招くおそれあり。ただ足元を固めるが大切。帝王運数でもあり金運ともに名声を博す。だが他の格数が悪い時、もろに災いを受けやすくなることまれにあり。後家相のきらい。

【37】　**半吉**　旺盛な独立心運、先祖の徳を受け継ぎ信用を得て地位財産を築くでしょう。専門職に就くのも良い。確実に階段も登る発展数で下積み生活にも耐え、やり抜くタイプ。

【38】　**吉**　特殊分野で活躍し、大志大業を果たす。想像力や企画力があり、精進あれば結果は必ず報われるでしょう。社長より専務が適任。2番手で大成するでしょう。

【39】　**大吉**　福徳寿を備えた大吉数。人生の当初は不遇かもしれないが、一度運を掴めば権力財産を得る。家庭円満、健康も万全でしょう。強力な推進力を併せ持つ。しかし、女性の総格にあると後家運で凶運数か。

【40】　**大凶**　自己中心的で運勢激変。智謀に優れ大きく飛躍することあるも浮き沈み激しく、支離

滅裂。惨めな最期を迎える暗示あり。病難、離散、経済的にも不遇にあうこともある。

【41】　**大吉**　理性的な実力者。人脈が素晴らしく中年以降頭角を現わす。積極的で行動力があり多数を率いて成長。人との出会いが運気を好転へと導く。度胸もあり、確実に頭領たる素養あり。

【42】　**凶**　能力あるも意志薄弱。困難も夢ばかり見て努力不足。男子の大厄数。ただし24の裏返しで、稀に上昇気流に乗り大きく飛躍することあり。養子縁組良好。

【43】　**凶**　お金に不自由すること甚だしい。金策に暮れやすい。利己主義な面があり。強欲で虚栄心が強く、貧乏くじを引きやすい。

【44】　**大凶**　常に危険と隣り合わせ崩壊につながりやすい。精神や肉体に障害を生ずる可能性や苦労が多し。改名すればある程度改善可能か。4＋4は8。ひょっとしてとの思いがないわけではない。

【45】　**大吉**　出世街道まっしぐら。生涯一度失敗することあるも初志貫徹。頭脳明晰で行動力があり大成功。幅広い人間関係を築くことが可能。

【46】　**半凶**　発展から転落の衰退人生。破産の可能性が高く、病気事故に遭う兆し。ただし全く違った道で成功するかも。根気よく努力すれば晩年は平穏な生活が望めるでしょう。

【47】　**吉**　運勢を独り占めする強運。強い運勢が全てを羽ばたかせる。家庭運も良好。仁徳を得て大いに発展する。

【48】　**吉**　幅広い人脈で成功。勤勉修養することで衆人より尊敬される。

【49】　**半凶**　吉凶の繰り返し、四苦八苦する困難数。争いなど心配事が起きやすい数字。だがひょっとして幸運が舞い込むことも稀ではない。

◆多くの本は1画から81画まで、評価していますがここで止めたのは、名前にこれ以上の画数を持つ人は稀で検証の実績が少なく、吉凶の判断の確証得難いため総格以外で判断をする。

五章　姓名判断その寸評

小生の友人を例にとることもできますが、どなたでもご存じの人を中心に寸評を試みました。だが表向きの活躍は理解できても家庭内事情、親族、友人、サイドワークなどは見えないため、失礼があるかもしれません。その折は平にご容赦いただきたい。大ざっぱに分析したものですが、確率は高いと思う。よく眼を通していただければ、今までにない画期的な判断の実態を理解いただけるものと思う。この章の眼目は成功へのキッカケを名前に滲ませることにある。姓名判断には絶対とか必ずという言葉はありません。職業の貴賤、善悪の判断もありません。その上で「多分」とか「おそらく」という言葉を冒頭に置いてお読みいただくがいい。何故か。本音を言いますと、姓名判断では人の心の中まで覗き見ることが出来ないため、例え素晴らしい名前でも投げやりに人生を送るか、悪くとも精いっぱい人生を過ごすかでその判断を裏返すことが不可能ではないからです。

　素晴らしい格数配置。智謀才知に優れ大志大業を成すとある。健康聡明人柄良く天与の才能と幸運を併せ持ち、大きく飛躍させる兆しあり。しかも総格に24がある。さらにこの人、後押しあり推進力もあ

る6のSameがあります。経済的にも安定し晩年にかけて不安材料は全くないでしょう。まずはこの配置が一般的に模範的な名付け配置。苗字はともかく吉と大吉揃い、これはこれで素晴らしい。

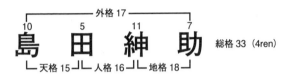

本名の長谷川公彦もすごい。本名の13は帝王運数、24は生涯お金に不自由しないという暗示がある。4renはその働きは段階をかけて昇る暗示があり、総格33は強烈な個性と強運を示す。芸名も本名も揃って最高クラスの格数配置。運気過剰の趣があってか少々の羽目を外し芸能界を引退しているが相当額の資産を持ち50才過ぎの若年寄りを謳歌し、まずは重畳。この人、体にジェットエンジンを搭載しているに違いない。

典型的な最高クラスの格数配置。仕事にしてもスポーツにしても格段の英知が湧き、携わるどんな仕事でも必ず信望と信頼を得る。特に13、15の2sameは闘争意欲に爆発力が加味され、智謀と才覚に富み、

人柄良く棟梁運でもある。TopかTop3の位置を占めるという暗示。二つの同じ格数とはその運気を2倍にすると考えた方がいいようだ。

　格数の示す如く、不安の全くない潤いのある素敵な人生を歩むことができるでしょう。運気過剰のきらいがあるが2sameがすべての悪弊を吹っ切るところがあって知らず知らずに上昇気流に乗せてくれるようだ。

　この2same。もし凶の数字であっても上昇気流に切り替わり乗り遅れることはないようだ。しかし上記のような吉ばかりの同じ格数を持つ人に比べれば減速するか荒れる低気圧に豹変することも稀にあるようだ。

　◆13の格数はどの位置にあってもそれなりの働きをしますが、特に人格、地格にある時は働きが大いようだ。以下13を持つ人たちを列挙する。

- 本田圭佑（プロサッカー選手）
- 香川真司（プロサッカー選手）
- 中嶋一貴（レーシングドライバー）
- 山本直純（作曲家）
- 岡崎慎司（プロサッカー選手）
- 村田英雄（演歌歌手）
- 川上哲治（プロ野球選手）
- 王貞治（プロ野球選手）
- 伊東四朗（俳優）
- 金田明夫（俳優）
- 谷川浩司（将棋棋士）
- 中山泰秀（政治家）
- 山本周五郎（小説家）
- 山下耕作（映画監督）
- 東出昌大（俳優）
- 黒沢年雄（俳優）
- 御木本幸吉（実業家）
- 石川啄木（歌人）
- 金谷伊太郎（落語家、初代笑福亭鶴瓶版）
- 鈴木愛（女子プロゴルファー）
- 糸井重里（コピーライター）
- 寺田光男（音楽家、つんく）

- 住田知仁（俳優、風間杜夫）
- 川中美幸（演歌歌手）
- 山下泰裕（柔道選手）
- 岡本太郎（芸術家）
- 宅麻伸（俳優）
- 武井咲（女優）
- 土屋太鳳（女優）
- 山下真司（俳優）
- 本田宗一郎（実業家）
- 村上弘明（俳優）
- 北島三郎（演歌歌手）
- 浅野ゆう子（女優）
- 真田幸村（戦国武将）
- 徳川家康（戦国武将）
- 木下恵介（映画監督）
- 平岳大（俳優）
- 中村吉右衛門（歌舞伎役者）
- 藤本佳則（プロゴルファー）
- 原江里菜（女子プロゴルファー）
- 小平奈緒（スピードスケート選手）
- 谷川真理（マラソン選手）
- 吉川晃司（歌手）
- 金子修介（映画監督）
- 高橋尚子（マラソン選手）
- 池波正太郎（小説家）
- 横峯さくら（女子プロゴルファー）
- 内村光良（タレント）
- 西川俊男（実業家）

　2same（8、8と15、15など同じ格数が2つあること言う）が配され、抜群の推進力を持つジェットエンジンを帯同する。また総格の23が好運気を加速させ、素敵なオーラが全身から溢れてるようだ。どなたもご存じ。加山雄三のことを云々する必要はないでしょう。夢のナイスガイだからね。ところで同じ格数を持つ町の魚屋さんでしたら、おそらくまたとない人気者で商売も大いに繁盛してることでしょう。

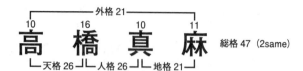

高橋英樹の娘、現在フリーアナウンサー。申し分ない最高クラスの名前です。この2sameは働きを倍増させるという働きがあり、独立心も強く事業家としても成功すること間違いないでしょう。知、徳、名声を博し繁栄する。運勢を独り占めの強運の定めあり。大いに羽ばたき、仁徳を得て発展するでしょう。だがこの26のSameは幸不幸が表裏一体、病難に苛まれる暗示が潜むが21、47の強運がこれをカバーすることによって、仮に不幸が頭をもたげることがあっても小難にして過ごせるでしょう。21、47の位置もいい。素敵な格数配置です。

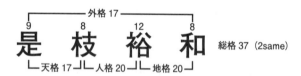

申し分ない格数配置です。ドキュメンタリー演出家であり映画監督。17と20の2same、ジェットエンジンを帯同し天空に舞い上がるようなものです。2sameの凄さをこの監督は如実に示している。日本アカデミー賞ブルーリボン賞など受賞多数、また2018年度フランスで開かれたカンヌ国際映画祭

で最高賞のパルムドールを受賞し、ビートたけしに似て一味違った作品。絶賛を浴びたようです。申し分なく活躍している方だが、Sameが20なだけに心配なところもある。20に潜む不穏な暗示をこれらのSameが蹴散らしてくれるといいがどうでしょう。今後も良い作品を期待したいものです。

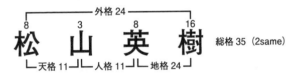

Sameとは格数の働きを倍増させるという働きがある。PGAでトップクラスの活躍しているこの人、11、24の2sameがある。11も凄いが、24は生涯お金に不自由しないという暗示。経済的に安定し健康にも全く不安はなく素敵なゴルフ人生を送るでしょう。過強運の兆しがあるが恐らく心配はないと思うが、人生も有頂天にならないことが肝要かと。この24は男女とも資産家に縁があり手助けもあり、間違っても悲嘆にくれることはないでしょう。

◇格数の24は必ず資産家にではなく必要な折のお金に不自由しない趣があると判断することもできる。特に人格、地格、総格にある時は働きが大きいようだ。

◇玉城絵美（14、14、21、21）の2same。工学研究者で、未来のノーベル賞候補とも言われます。コンピューターで人の手を自由に動かすことが出来る装置「ポゼストハンド」を開発。とてつもないこと

を研究し、世界から注目を浴びています。若くて楽しみな研究者が現れたものです。

◆ここでSame（格数に5、5や13、13のように同じ数字）が配された人たちを。

- 小林稔侍（俳優）
- 北大路欣也（俳優）
- 麻生祐未（女優）
- 東出昌大（俳優）
- 山本耕史（俳優）
- 松田龍平（俳優）
- 沢口靖子（女優）
- 髙橋一生（俳優）
- 武田鉄矢（俳優）
- 三船敏郎（俳優）
- 樹木希林（女優）
- 鰐淵晴子（女優）
- 中川慶子（女優、淡路千景）
- 市川左團次（歌舞伎役者）
- 樋口久子（女子プロゴルファー）
- 宮里優作（プロゴルファー）
- 氷川きよし（演歌歌手）
- 近藤真彦（歌手）
- 舟木一夫（歌手）
- 山下智久（歌手）
- 寺田光男（作曲家、つんく）
- 辻井伸行（ピアニスト）
- 中澤日菜子（小説家）
- 山口洋子（著作家）
- 中村メイコ（女優）
- 米倉涼子（女優）
- 石原良純（俳優）
- 高橋英樹（俳優）
- 藤田まこと（俳優）
- 東山紀之（俳優）
- 目黒祐樹（俳優）
- 古谷一行（俳優）
- 長門勇（俳優）
- 南果歩（女優）
- 上川隆也（俳優）
- 中尾彬（俳優）
- 尾上松也（歌舞伎俳優）
- 松本幸四郎（歌舞伎役者）
- 谷原秀人（プロゴルファー）
- 不動裕理（女子プロゴルファー）
- 倉本昌弘（プロゴルファー）
- 都はるみ（演歌歌手）
- 福山雅治（歌手）
- 矢沢永吉（ロックミュージシャン）
- 小室哲哉（作曲家）
- 山本直純（作曲家）
- 夏目漱石（小説家）
- 大西信行（劇作家）

- 青島幸男（作家）
- 村上元三（小説家）
- 福原愛（卓球選手）
- 桐生祥秀（陸上競技選手）
- 野口みずき（陸上競技選手）
- 堀内恒夫（プロ野球選手）
- 桑田真澄（プロ野球選手）
- 清宮幸太郎（プロ野球選手）
- 三浦雄一郎（プロスキーヤー）
- 白洲次郎（実業家）
- 松下幸之助（実業家）
- 藤井聡太（将棋棋士）
- 杉原千畝（国家公務員）
- 萩本欽一（タレント）
- 岡田圭右（お笑いタレント）
- 田岡一雄（実業家）
- 本多正信（戦国武将）
- 平岩弓枝（脚本家）
- 樋口一葉（小説家）
- 赤塚不二夫（漫画家）
- 平野美宇（卓球選手）
- 設楽悠太（陸上競技選手）
- 王貞治（プロ野球選手）
- 岩村明憲（プロ野球選手）
- 板東英二（プロ野球選手）
- 古橋廣之進（競泳選手）
- 浅田真央（フィギュアスケート選手）
- 平井一夫（実業家）
- 左甚五郎（彫刻職人）
- 石原伸晃（政治家）
- 小松政夫（タレント）
- 中川翔子（タレント）
- 今田耕司（お笑いタレント）
- 松平定信（大名）

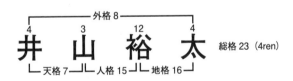

　5、6、7、8（以後4renと）の4連続数字は階段を駆け登る暗示があり才能を伸ばし、特急券を保守して、全てに忌憚なく大空に舞い上がる兆しありと見る。静にして動を振るい立たせる感がある。すごい活躍の人生。格数の配置に妙がある。素晴らしい名前である。囲碁の世界で本因坊、名人、棋聖、王座、天元、十段と総なめにした傑物。運気過剰気味だが、

ある意味で慎重に人生を。災禍に遭うことはまずないであろう。

◇三浦友和も4ren。本名三浦稔には1sameがあり本名とも最高クラスの格数位置である。小泉純一郎、宇多田ヒカル、萩野公介、西城秀樹、原田大二郎、山田耕筰（作曲家）、深田恭子も4ren。

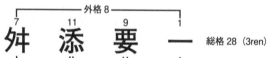

6か国語を理解し、政治学者でもあり凄い才能と能力の持ち主で、活躍も当然でしょう。名には8、9、10のRenがあり、さすがと言いたいが、0を含む数字が一つならともかく、2つもあるのは問題のようだ。特にこの10と20は40と並んで凶を秘めるマイナス要素が強く、才能ありて飛躍することも焦燥、自滅、貧困、孤独の暗示が頭を出しやすい。総格の28も少し気になる。たとえRenであっても、10と20の位置も悪く、下降線を辿ることに。波乱変動が多く後半特に精神的にも疲労、悲嘆の日々を送られると見る。

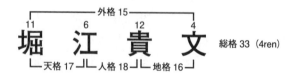

この人の格数配置は最高クラスです。このような

配置をひねり出すのは中々難しい。吉と大吉揃いの15、16、17、18と4連、しかも総格33、階段を駆け登る趣在り。爆発的な発進力を保有し慕われ一匹狼タイプ、野心家であり負けず嫌いで諸事を切り開いていくでしょう。するどい洞察力と判断力を持ち、意思堅固で大志大業を成す。ただし4renは過強運、わずかに災禍の暗示が潜む、つまずいて牢獄に入られたのがこの運気過剰が原因かもしれない。人生には山もあれば谷もある。その暗闇を越えられたから今後はおそらく何の問題もないでしょう。テレビにも顔を出しこれからも楽しみな男です。

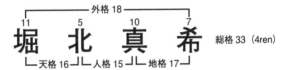

15、16、17、18の（4ren）、総格の33もいい。飛行機の両翼に4基のジェットエンジンを搭載し、且つ後ろから押し上げて上昇気流に舞い上がる運気がある。人格の15は人柄秀逸、穏やかな性格。夫である山本耕史もまた姓名判断ではこの上ない格数の持ち主であり、この夫婦またとない家庭生活を営まれることでしょう。仕事家庭とも順風満帆。何の不安材料もなし。あえて言うなら3renは何の憂いもないが4renは運気過剰のきらいがあり、一面、女子には強すぎる、間違うと迷路に迷い込むこと稀にあり。慢心しないことがいいかと。

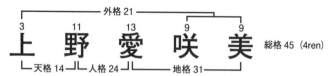

素敵な名前です。3、4、5、6 の ren。平成 17 年生まれ、16 歳。若いのに凄い。日本棋院所属で平成 30 年、第 21 期女流棋聖戦でタイトルを史上最年少で獲得。総格の 45 は階段を駆け登るごとく出世街道まっしぐら。頭脳明晰、行動力あり大成功とある。21、24、31 は天与の幸運を受けエネルギッシュに活躍し福徳寿との暗示在り。またとない数字。運気過剰の趣がないわけではないが、ほとんど心配ないでしょう。凄いとしか言いようがない。

◆3 連続数字も凄いが 4、5、特に 5 連続数字は運気過剰とも見ることができ、災禍の潜む恐れが稀にあり。以下は名に Ren を備えた人たち。

- 北島三郎（演歌歌手）
- 氷川きよし（演歌歌手）
- 西城秀樹（歌手）
- 松本潤（歌手）
- 金井克子（歌手）
- 小澤征爾（指揮者）
- 猪俣公章（作曲家）
- 伊吹吾郎（俳優）
- 三浦友和（俳優）
- 淡島千景（女優）
- 川中美幸（演歌歌手）
- 三波春夫（演歌歌手）
- 森進一（歌手）
- 渡辺麻友（歌手）
- 林佳樹（ミュージシャン、YOSHIKI）
- 星野哲郎（作詞家）
- 米元響子（ヴァイオリニスト）
- 向井理（俳優）
- 西島秀俊（俳優）
- 浜美枝（女優）

- 浅野忠信（俳優）
- 小林桂樹（俳優）
- 深田恭子（女優）
- 広末涼子（女優）
- 松平健（俳優、鈴木末七）
- 岡本綾子（女子プロゴルファー）
- 片山晋呉（プロゴルファー）
- 香川真司（プロサッカー選手）
- 松井秀喜（プロ野球選手）
- 大坂なおみ（女子プロテニス選手）
- 出光佐三（実業家）
- 堀江貴文（実業家）
- 羽田孜（総理大臣）
- 黒川紀章（建築家）
- ビートたけし（お笑いタレント）
- 島田紳助（お笑いタレント）
- 森田一義（タレント、タモリ）
- 指原莉乃（歌手）
- 多部未華子（女優）
- 中井貴一（俳優）
- 三木のり平（俳優）
- 堺雅人（俳優）
- 鈴木愛（女子プロゴルファー）
- 畑岡奈紗（女子プロゴルファー）
- 本田圭佑（プロサッカー選手）
- 秋山幸二（プロ野球選手）
- 工藤公康（プロ野球選手）
- 太田雄貴（フェンシング選手）
- 五島昇（実業家）
- 津谷正明（実業家）
- 大久保利通（政治家）
- 鳥越俊太郎（ジャーナリスト）
- 伊東四朗（俳優）
- ラサール石井（お笑いタレント）
- 石田芳夫（囲碁棋士）
- 古舘伊知郎（フリーアナウンサー）

◇松坂大輔は4、5、6のRen、総格32を備え、申し分ない凄い名です。大変な仕事をされて来たのもなんの不思議もない。だが格数10、22に潜む何かが足を引っ張ることにならないといいが。

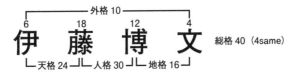

初代総理大臣と同姓同名の静岡県警の刑事。4の1sameが運気を上昇させ、しかも地格の16は親分

肌で洞察判断力行動力あり、ピンチ打破し自己の才能を飛躍させるとある。しかし外格10総格40この二つの0はとても悪い。浮き上がるか沈むか激しい人生とあり、悲惨な最期の暗示があります。栄進に次ぐ栄進の静岡県警の刑事部長のこと、行方不明と聞く、後日山野で亡くなられていたという。

◇伊藤博文　初代総理大臣、幼名は利助。さらに俊輔、春輔と名を変えています。幼児の名が生涯に尾を引き判断では3renがあり、とてつもなく大きく飛躍すると見る。だが外格の10、総格の40の0が2つも並ぶというのはどうしても暗雲がちらちらする。井上馨の薦めでイギリスへ留学。帰国後総理大臣になって大きく活躍したが、最後はハルピンで暗殺された。

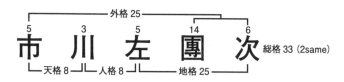

歌舞伎俳優。8と25の2same。それに総格の33。凄い指導統率力、人柄秀逸と暗示あり。しかも2sameは加速させ上昇気流に乗せるという証。本名の荒川欣也も11と12の2same。しかも総格の33は独自の発想力、努力の結晶の大成運数で知らず知らず自分の才能を伸ばし、すべてを吹っ切ると見る。最高ランクの命名です。本名にある12のsameには

マイナス要因はあるが、芸名と混在することによって運気過剰にならず緩やかにしているようだ。素晴らしい名前としか言いようがない。余談だがこの人、野菜をほとんど食しないそうです。金さん銀さんに似て肉が大好き。草原で育つ牛は野菜のエキスの結晶かもしれない。牛は1キロの体重を増やすのに何キロの野草を食べるのかな。

プロ野球の寵児、投手としても打者としても、とてつもない男、発進力を持つこの2same（1,1と8,8）に8、9、10の2renがあり、これは凄い。英知才能あり、ど根性があり意思堅固にして大志大業を成すとあり、間違いなく大きく飛躍するでしょう。打者と投手の二刀流、球界の宮本武蔵です。格数の配置もいいから問題ないと思うが、わずかに運気過剰の趣あり。無謀な考えや体を駆使しないことが大切かな。先々を見据えて慎重なれば大過なく行けるでしょう。さらなる活躍を祈ります。

めきめきと頭角を現す気鋭の俳優。大学卒業後カジュアルバーに就職。バーテンダーとして6年勤め、そのプロ意識は高く、レパートリーは500を超えるという、異色の俳優さん。15は人柄穏やか、11は新機軸に挑戦、意思堅固、21は知徳名声を博すとあります。素敵な俳優です。最高クラスの名前。出来れば暴れん坊将軍・徳川吉宗役をやってもらいたい。

いい役者ですね。12の1same。これは推進力を秘める暗示あり。しかも総格24はお金に不自由しないという格数。ただし最高の発信力があるものの地格の12と言う数字が少し気にかかる。他の格数がいいので特に悪いわけではないが、地格にあるだけに八方ふさがり孤独と遭難がちらちらする。たまにつまづく事もあるが生来的にいい素質の持ち主、先々の心配はおそらく皆無でしょう。

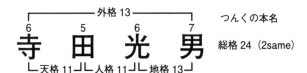

つんくの本名
総格 24 (2same)

この名前は最高、11と13の2same。総格の24、とんでもない凄い名前です。つんくの名もいい。ジェットエンジンを搭載し智謀才覚に富み起業、廃家を興すなど新機軸を開き大飛躍の暗示がぷんぷんしている音楽界の巨星の一人。名前が良すぎるため運気過剰のきらいあり。何の変事も起こらないといいが。

それにしても、こんな凄い格数配置にあやかりたいものだ。

◇YOSHIKI本名林佳樹は総格に32があり格数配置が良すぎるため、つんくとほとんど同じ判断が出てくるようだ。

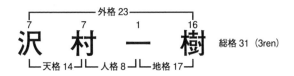

総格 31 (3ren)

本名、野村耕蔵。この名前は格数が相当良くない。だが芸名は素晴らしい。名を変えてより名声を浴び、一躍役者として成功されているように思えて仕方がない。改名がこの人の運命を変え押し上げたようです。人気が出るまで少し時間がかかったようですが

それは本名が足を引っ張るからです。でもこの人は吹っ切りが早く、本名の悪いところを排除払拭するのに時間がかからなかったようです。今後もますます活躍されることでしょう。改名で成功した一例です。

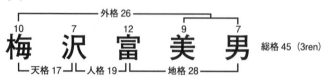

17は8、45は9、19は10と数え3renとなる。この並びは2sameに似て素敵な働きがある。活躍ぶりが凄いのはなぜかと本名を調べてみたら、格数配置が絶妙だ。芸名もさることながら本名の良さが今の位置に押し上げている様だ。今後とも大いに活躍していただきたいものです。45が総格だけに申し分ないようだが運気過剰の趣がないわけではない。まずは心配ないと思うが、晩年は少し注意かな。一層の活躍を祈る。

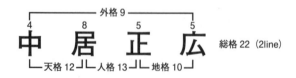

この人の格数配置は決していいとは言えないが注目すべき配置があります。それは12、13と9、10（2line）これは2sameに似てジェットエンジンを搭載してい

るような趣があり、特に13の数字は棟梁運であり誰よりもリーダーとしての資格ありとする格数、しかも闘争心むき出しの感がある。だが9、10そして22の数は今後なんらかの形で減速する可能性があります。また災禍を伴うかもしれない。お体に気を付け穏やかに、慎重な人生を。

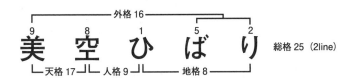

8、9と16、17の2line。間違いなく急上昇の運気を持つ。12歳で歌手デビューし天才少女歌手と言われて以後、歌謡曲、映画、舞台などで活躍し、自他ともに「歌謡界の女王」と認められる存在。昭和の歌謡界を代表するまたとない歌手の一人。女性として史上初の「国民栄誉賞」を受賞。本名の加藤和枝には3、4、5のRenがある。愛称は「お嬢」。亡くなられてから30年ほど経った今も、「お嬢」の歌は歌手を志すものや聴く者の心を揺さぶってやまない。

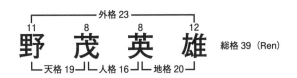

天格の19はともかく地格の20に厄災の暗示があ

って少し気になる。外格の23と総格の39は苦労の中から身を起こし知らず知らずに才能を伸ばし悪弊を吹っ切り、福徳寿備わり無類の大吉祥数とある。人格の16も、ピンチ打破し自己の才能を飛躍させます。アメリカの野球界で大変な業績を上げられた方です。23と39この2格が揃うと強運か。美空ひばりの本名と同じく23と39がある。このタッグは凄い力を秘める数字のようだ。

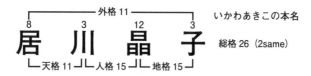

いかわあきこの本名
総格26（2same）

山下清画伯の再来と言われている奇跡の天才画家。染色体が一本多いダウン症患者であるのに、30才位から描き始めた、孔雀、お地蔵さんなど展覧会を開くたびに脚光を浴びている気鋭の画家である。同じ病の書家・金沢翔子と共にこの世界で大きく羽ばたくでしょう。総格の26が足を引っ張るところがあるようですが、ますますの活躍を期待したい。

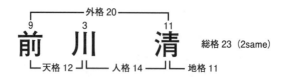

総格23（2same）

申し分のない格数配置です。2、2と5、5の2sameがいい。それに人格の14と総格の23は不

穏な災禍を招く暗示を吹っ飛ばしてくれる趣も在り。しかも上昇気流に乗る抜群の推進力を持つ。ところが問題にすべきではないかもしれないが、外格の20が少し気になる。この20は足を引っ張るところがあり、何か変事があるようにも思えるし、本人の心には今一歩手の届かない思いがあるような気もする。一層の活躍を祈る。

　ちなみに娘さんの侑那さんには2lineがあり素敵な名です。おおいに活躍されることでしょう。

　◇女優の古手川祐子は12の4sameで凄いです。12は少し引っ掛かるが4sameが吹っ飛ばしてくれれば問題ないと思う。

　◇滝廉太郎は26の3same。明治の西洋音楽黎明期における草分け、代表的な音楽家、惜しむらくは23才で亡くなった事、26が原因なのか。運気過剰がもろに出たようです。

　◇浅丘ルリ子の本名浅井信子には12の4same。芸名もまずまずだが本名が凄い。松山省三は11、前田洋平14の4sameも凄い。

　◆3same以上の数字を持つ人は運気過剰の趣在り。すべての人というわけではないが、上昇気流に乗る兆し充分あるも、災禍を招くか重き荷を背負う暗示がわずかにあるようだ。

さかなクンの本名

　さかなクンは日本の魚類学者、タレント、イラストレーターでもあります。東京海洋大学名誉博、客員教授でもある。父は囲碁棋士の宮澤吾朗九段。3、4、7、8の2line。8、13、16、21など素敵な格数。ところが高音で「ぎょぎょぎょっ」という持ち前の声に最近苦言を言う人があって少し萎縮してるようですが、それは総格34と「さかな」の格数10のマイナス要素をある為なのか。だがいずれ名の良さが跳ね返すでしょう。

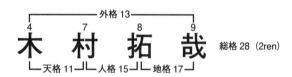

　いい格数配置。2、4、6、8、10（2ren）の五段跳び。三種の神技としての評価はしてませんが、この配置を醸しだすのは至難の業です。半端な名前ではない。上昇気流に乗る凄い数字の羅列、仕事など順調に階段を駆け登るでしょう。智謀と才覚に富み人柄も良く事業家としても大きく飛躍すると見る。金運家庭運とも上々でしょう。だが総格の28が少し気になる。離別と不和の暗示がある。精神的にも疲労しやすく

何かの形で重荷となるようだ。兄弟とも親友ともいえるグループの解散がこれを意味しているかもしれない。すてきな男です。活躍を祈ります。

　超有名な野球選手。5の1sameがあり、総格の41、他18、21、23と申し分のない格数の配置だけに凄い活躍をされたのも当然ですが、一つだけ問題の20が地格にあるのが気になります。この20は地格だけに姓名判断でいうと判断の基準が約27％相当のウエイトを占めます。心配ないと思うが、この数字は一時良くとも厄災不成功の兆しがあり、生涯に何らかの形で立ち塞がると見る。堅実に生きられることを祈りますが特に晩年は孤独が特徴か。

　格数配置は決して良くないです。9、14、20と悪い格数が名前全体を覆い尽くし、その暗示が頭を出さないとは言えないが、お仕事は目を見張るような活躍ぶりである。格数に混在する暗示からは上昇気流に乗る要因は見えない。この判断はどうしたものか、ところが23を見ると独自の発想努力の結晶の大

成運数とある。一匹狼で知らず知らず自分の才能を伸ばし全ての悪弊を吹っ切ると暗示。この14、23はとんでもない力が内蔵され、精進し努力する人だけを後押しするという暗示が潜んでいるようです。生まれながらの素敵な才能もあり、どんな世界でも大きく飛躍されることでしょうが、わずかに心配なところがないわけではない。

北朝鮮の労働党委員長、格数で判断するに最高クラスの命名。親の七光りもあって委員長としてTopに君臨するのに何の不思議もない、彼の国では当然のことでしょう。だが正男の名は相当悪い。総格に20、地格に12。これは救いようがないというより正恩に太刀打ちできる名ではない。あの忌まわしい事件は起きるべくして起きたのかな。

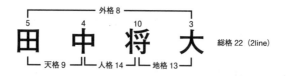

天格の9はともかく、8、9と13、14（2line）。この並びは2sameに似て22に潜む不吉を吹っ切り抜群の推進力を発揮し、順調に階段を登り大成するという証です。アメリカで大活躍は何の不思議もない。格数だけを見ると決していいとは言えないがこの

2lineが本人の才能もさることながら人格の14と共に強力にバックアップし、上昇気流に乗せるでしょう。だがそれでも、わずかに総格22が少し気になる。一層の活躍を祈ります。

◆ 2lineには
- 原辰徳（プロ野球選手）
- 衣笠祥雄（プロ野球選手）
- 久保谷健一（プロゴルファー）
- 勝みなみ（女子プロゴルファー）
- 森田理香子（女子プロゴルファー）
- 石川明日香（女子プロゴルファー）
- 大迫勇也（プロサッカー選手）
- 西田敏行（俳優）
- 古谷一行（俳優）
- 仲代達矢（俳優）
- 合田雅吏（俳優）
- 火野正平（俳優）
- 藤田まこと（俳優）
- 池波志乃（女優）
- 酒井美紀（女優）
- 谷崎潤一郎（小説家）
- 池波正太郎（小説家）
- 星野哲郎（作詞家）
- 田原俊彦（歌手）
- 西條秀樹（歌手）
- 五木ひろし（演歌歌手）
- 石川啄木（歌人）
- 小林麻耶（アナウンサー）
- 堺正章（コメディアン）
- 稲尾和久（プロ野球選手）
- 京田陽太（プロ野球選手）
- 石川遼（プロゴルファー）
- 若林舞衣子（女子プロゴルファー）
- 菊地絵理香（女子プロゴルファー）
- 小林浩美（女子プロゴルファー）
- 高梨沙羅（女子スキージャンプ選手）
- 大坂なおみ（女子プロテニス選手）
- 関口知宏（俳優）
- 松平健（俳優）
- 浅野和之（俳優）
- 谷幹一（俳優）
- 御木本伸介（俳優）
- 中村玉緒（女優）
- 檀れい（女優）
- 山田洋次（映画監督）
- 北方謙三（小説家）
- 阿川佐和子（エッセイスト）
- 市川昭介（作曲家）
- 滝沢秀明（歌手）
- 美空ひばり（歌手）
- 天童よしみ（演歌歌手）
- 杉本健吉（洋画家）
- 杉本高文（お笑いタレント、明石家さんま）

- 井山裕太（囲碁棋士）
- 豊田喜一郎（トヨタ自動車創業者）
- 伊達政宗（戦国大名）
- 野村萬斎（能楽師）
- 御木本幸吉（実業家）
- 辻一弘（メイクアップアーティスト）

等の方々の名に見えます。

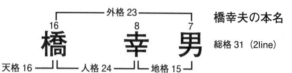

橋幸夫の本名
総格31（2line）

芸名・橋幸夫は12、20、28と全く救いようがありません。ただ24があるのだけはまずまずかなと思いますが芸能界で歌と役者、プロデューサーと八面六臂の活躍ぶりは全く見えてこない。ところが本名がとてつもなくいい。15、16と23、24（2line）これは凄い。どの数字をとっても大吉祥数。活躍は当然。本名はもともと生涯引きずるところがあるが、人によっては弱く、改名で大きく飛躍する人もあれば本名が桁違いにいい名の場合には、その秘めるエネルギーが体に蓄積され活躍の原動力になって生涯維持し続けることもあるようです。これからもいい仕事を。

総格25（1same,7,8,9の3ren）

素敵な役者である。本名の平賀湧には17の3sameがあり申し分のない格数配置。凄い名前である。一

匹狼タイプで意思堅固にして自己の才能を飛躍させ大志大業を成す兆し。本名と芸名共にいい場合は間違いなく大きく飛躍されるでしょう。3枚目が多いがこの人の出る映画は和やかでほほえましい。名は嘘を言わない。単純な姓名判断ではこの9を障害とし、首をかしげる判断も出るだろうが、問題ないでしょう。

◇火野正平、西田敏行には2lineがあります。本人の才能もさることながら抜群の推進力を秘める名です。お茶の間のドラマには無くてはならぬ貴重なキャラクターです。

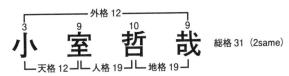

音楽界稀代の重鎮。凄い活躍です。ヒット曲を連発し、オリコンチャートで首位を独占するなど、とてつもない男です。2sameに総格31はTopに舞い上がる要素充分です。ところが19は舞上がる力に変化していますが、外格12（凶）が、吉であるなら何の問題もないものの、位置からしてこの凶は足を引っ張るところがあって少し心配。

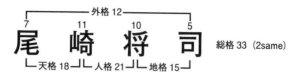

尾崎将司 総格33（2same）
7・11・10・5
外格12
天格18 人格21 地格15

優勝回数113回を誇る日本のゴルフ界きってのスーパープレイヤー。今日の隆盛を青木功、中嶋常幸と共にAON時代を築いた凄い男です。しかも3と6の2same。業績からして何の不思議もない。しかも総格33は強烈な個性と帝王運数、人柄秀逸。ただ外格12が少し気になります。ほとんど問題ないと思うが、孤独遭難の兆し、八方塞がりの暗示あり。中年以降落ち込むこと稀にあり、事実は分かりませんが晩年安易な生涯をお暮しになることを祈ります。

◆テレビ新聞などに登場する有名人は出来るだけ拾ってチェックしていますが、名にこの「Same」とか「Line」「Ren」を組み込んだ人達は割と多いです。だが沢田研二のようにこれらの枠にとらわれない格数配置の人でいい仕事をしておられる方はいくらでも居られます。吉のオンパレードであるならばまず心配はないようです。

◆ 1lineでは変化は認められないが2lineの人は早くから大きな仕事が出来るようです。

若干17歳のサッカーの麒麟児、久保建英には11、12、17、18があります。外国からも注目、地中海

カップU-12で得点王、MVPを獲得。登山家の南谷真鈴は19歳で世界7大陸の最高峰を制覇。16、17と22、23を持ち、しかもは総格39。凄い活躍は何の不思議もないです。卓球選手、張本智和15歳は16、17と19、20の2line。世界ランク6位の水谷隼を破る快挙。15歳でオリンピック金メダリストとなった水泳選手の岩崎恭子は1、2、3、4、5の連続数があります。将棋の天才、藤井聡太は14才で将棋連盟7段にまで登りつめた。18、22のSameがあり、間違いなく将来Topグループに。美空ひばりも8、9、16、17の2line。12才で歌手デビューしています。女子プロゴルファーの勝みなみには4、5、8、9があります。楽しみな選手です。石川啄木には8、9、13、14。19才で詩集を出版。今でも愛されている歌人です。凄い方ですが本名・石川一には人格4と総格9。残念なことに早逝された。

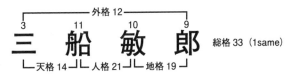

格数だけを見るとあまり感心しないが、よく見ると、21と12は3、3のSame、しかも総格33は福徳寿が備わり、強烈な個性と強運、帝王運数でもあり、凄い指導統率力、如何なる弊害も物ともせず邁進できる無類の大吉祥数。しかも天格の14、地格の19は豹変する数字、如何なる世界にあってもTopに躍

り出る秘められた暗示があります。抜群の推進力と、周りから強力なバックアップがあって押し上げてくれる。無類の名優であることに何の不思議もない、流石です。ところが外格の12が原因なのか、わずかに苦渋する兆しがあって、晩年の勝新太郎もそうだが俳優と社長業という二足わらじは同居しなかったようだ。

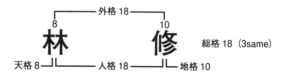

テレビでよく拝見するタレント。この人の名は18が3つもあります。凄いです。爆発力、推進力において他の追従を許さない。成層圏を飛び交う飛行機のようなものです。頭脳もさることながら人気集客力とも抜群でしょう。ただ地格の10が気にかかります。地格だけに才能ありて飛躍することもありますが変な暗示が潜むようです。しかも苗字名前が一字の人は3sameとなり過強運の災禍を受けやすい。谷啓も大変な仕事をした方ですが最後は階段から落ちて亡くなられた。強運が混在することによって影を潜めているようだが、いずれ何らかの形で姿を現すかもしれないと日々を見極めつつ慎重にお過ごしあれば心配はないと思うが。

◆3〜4個も並ぶSameは運気過剰で何らかの厄災が潜み姿を現さないとは言えない。

◇原敬　苗字名前が一字の人。この3same 第10代総理大臣まで務めたが格数がとても悪い。悪い暗示がまともに出たようだ。最後は東京駅で暗殺された。

◇暗殺された過去の総理大臣で伊藤博文、濱口雄幸がいますが、この人達は相応の問題を孕んでいるようで格数の中に20が絡んでおり、やはりと思うところがあります。この20は40と同じくいただけない格数の一つです。

◇40と言えば赤木圭一郎（俳優）の本名、赤塚親弘に総格40があり、しかも12、19、28など不穏な数字が多すぎます。車の運転ミスで21歳で亡くなった。

◇力道山（本名・百田光浩）は一世代を風靡したプロレス界初期の重鎮だが、銀座のクラブで刺殺された。良過ぎるのはやはり問題のようです。

◇浅沼稲次郎日本社会党委員長も刺殺された。格数はほとんど大吉だが総格の46凶は暗示に破壊、崩壊、短命とある。

◇植村直己。国民栄誉賞を受賞した登山家。総格30で、この30も時として大きな災いをもたらすようです。アラスカのマッキンリーで行方不明、この山のどこかで永遠の眠りに。

◇三島由紀夫。割腹自殺した小説家。この人は格数全てが大吉。やはり過強運、過ぎたるは及ばざるがごとしか。もっとも人それぞれでして、心の奥ま

では推量しがたい。

◇太宰治（本名津島修治）小説家。12、22があり無気力崩壊の暗示。本名に20があり厄災が付いて回る。自殺未遂、薬物中毒など、苦悶の生涯だったようだ。それでも思い返してか、晩年はいい小説を残した。救いは本名の17、18、19、20の4renと総格の37かな。

◇自殺した人、非業の死の人達、格数だけでは判断できない事も多い。それぞれの心の動きまでは捉えきれない。

芥川龍之介、坂本九、沖雅也、尾崎豊、田宮二郎
藤圭子、加藤和彦、伊丹十三、牧伸二、長瀬弘樹
沢田泰司、高田真理、岡田有希子など

◆ある先生の本に人名にいい吉数リスト表がありますが、10、20がごろごろしている。並ぶというのは運気を呼んで悪いわけではないが10、20の数字だけは良くない。災禍を招く兆し充分。

◆ここで不思議に思える人を紹介しよう。「三種の神技」を立証する証を与えてくれた格数配置の一人である。

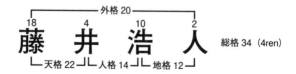

岐阜県美濃加茂市前市長です。一般的な姓名判断では、おそらく悪い評価しか出ないでしょう。5格

すべてが不穏な数字ばかりで、破産、焦燥、病難、別離、短命など不成功の暗示しか出てこない。しかしこの人、二期目など対抗馬なしで無投票当選している。住民の噂では若いのにとても素敵な人だという。それは名前に凄い組み立てがあるからです。「三種の神技」でいう、外格2、地格3、天格4、人格5と2、3、4、5の4連（Ren）があり、ジェットエンジンを搭載するようなもので間違いなく上昇気流に舞い上がる組立てと見ます。凄いです。しかも人格の14は評価としては凶ですが、不思議なことに人格か外格にある時、隠された暗示に棟梁運あり衆に抜きんでる人気あり、後押しがあるなどTopに舞い上がる素養が培養されるようだ。しかし凶の格数ばかりではどうしても弊害が出て、わずかな収賄で法廷に立たされ判決を受けたようですが、それは名にある幾つもの凶がそうさせるのです。敢えて言うならこの人、晩年にかけて何らかの災禍が付きまとうかもしれない。

◆ここで災禍を含む趣のある「14」を配置されてる人達を挙げてみる。この14、吉凶相半と表示していますが大吉にしたいくらいだ。もっとも判断に悩まされるところでもある。

・片山哲（総理大臣、外格14）　・佐藤栄作（総理大臣、外格14）
・芦田均（総理大臣、外格14）　・吉田茂（総理大臣、外格14）

- 田中角栄（総理大臣、外格14）
- 前原誠司（政治家、外格14）
- 本田宗一郎（実業家、外格14）
- 野村克也（プロ野球選手、外格14）
- 香川真司（プロサッカー選手、外格14）
- 浅田真央（フィギュアスケート選手、外格14）
- 羽生結弦（フィギュアスケート選手、外格14）
- 小津安二郎（映画監督、外格14）
- 勝新太郎（俳優、奥村利夫、人格14）
- 堺雅人（俳優、外格14）
- 唐沢寿明（俳優、人格14）
- 今川盛揮（歌手、西郷輝彦、人格14）
- 山田勝啓（俳優、杉良太郎、外格14）
- 徳光和夫（フリーアナウンサー、人格14）
- 山下清（画家、外格14）
- 神谷哲史（折り紙作家、外格14）
- 大竹英雄（囲碁棋士、人格14）
- 大西信行（劇作家、人格14）
- 井伊直弼（幕末の大老、人格14）
- 小泉純一郎（総理大臣、外格14）
- 田中将大（プロ野球選手、人格14）
- 脇本雄太（競輪選手、外格14）
- 乾愛子（女優、三益愛子、外格14）
- 野際陽子（女優、外格14）
- 武田鉄矢（俳優、外格14）
- 北島三郎（演歌歌手、外格14）
- 都はるみ（演歌歌手、人格14）
- 天童よしみ（演歌歌手、人格14）
- 芥川龍之介（小説家、外格14）
- 白洲正子（随筆家、外格14）
- 川合玉堂（画家、外格14）
- 菊池洋子（ピアニスト、外格14）
- 山野愛子（美容家、天格14）
- 池上彰（ジャーナリスト、人格14）
- 松井珠理奈（歌手、人格14）
- 滝沢秀明（歌手、外格14）
- 織田信長（戦国武将、人格14）

この「14」、子孫に恵まれにくいなどわずかに厄災の暗示を含むがこの名前の人達、他の格数にもよるが格段の仕事をしておられる。戦後の総理大臣の4割くらいに「14」を含む名前の人がいるということは、この数字には上昇気流に押し上げる強烈な運気が潜みTopに君臨、後押しをするようです。地格にある時でもわずかに働きがあるようだが、総格にあると、働きがあるどころかマイナス要素が頭を出しやすく、不思議な数字とも言えます。

前にも記しましたが桜田門外で暗殺された井伊直弼（人格14）は日本の開国近代化を断行した幕末騒動の主役であり、凄い運気で大活躍した方だが、天格10、人格20、総格30と「0」の格数が多すぎる。暗殺も当然というのは失礼だが破滅、崩壊の暗示が潜む。

　また総理大臣、広田弘毅も全く同じ格数揃いです。他に「0」に運命を翻弄された人に近衛文麿、伊藤博文、織田信長、中川一郎、真田幸村、小磯國昭、赤木圭一郎、橋本左内など。

　現役で大いに活躍されてる方で「0」を含む名前の方は幾人も見えますが、この際控えることにします。やはりこの「0」二つ以上あれば、一層災禍がうずきだす様だ。

　◆さらに格数「9」と「19」も少し検証してみましょう。この数字も不思議な趣があります。

　すべての姓名判断の本は凶、または大凶とありますが、以下のTop街道を驀進してる人達を見てると、吉または大吉と判断すべきかもしれない。やむを得ず吉凶相半としたが苦渋の選択です。

- 吉田茂（総理大臣、総格19）
- 芦田均（総理大臣、総格19）
- 渡辺謙（俳優、外格19）
- 森田健作（政治家、外格19）
- 里見浩太朗（俳優、外格19）
- 松坂慶子（女優、高井慶子、人格19）
- 松平健（俳優、外格19）
- 仲代達也（俳優、外格19）
- 森光子（女優、地格9）
- 森繁久彌（俳優、人格19）
- 東野英治郎（俳優、人格19）
- 三船敏郎（俳優、地格19）
- 反町隆史（俳優、外格9）
- 岡江久美子（女優、人格9）

- 山田洋次（映画監督、外格9）
- 北野武（タレント、人格19）
- 中嶋常幸（プロゴルファー、地格19）
- 岡本綾子（女子プロゴルファー、人格19）
- 古橋広之進（競泳選手、外格19）
- 内村航平（プロ体操競技選手、外格9）
- 大谷翔平（プロ野球選手、人格19）
- 川端康成（小説家、外格9）
- 松本清張（小説家、外格19）
- 阿川佐和子（エッセイスト、外格19）
- 服部良一（作曲家、外格9）
- 美川憲一（演歌歌手、人格19）
- 石田芳夫（囲碁棋士、外格19）
- 中居正広（タレント、外格9）
- 田岡一雄（実業家、人格9）
- 火野正平（俳優、外格9）
- 黒澤明（映画監督、外格19）
- 畑岡奈紗（女子プロゴルファー、外格19）
- 辰吉丈一郎（プロボクサー、人格9）
- 丸山茂樹（プロゴルファー、外格19）
- 金田正一（プロ野球選手、外格9）
- 張本智和（卓球選手、外格19）
- 小林一茶（俳諧師、人格9）
- 早坂暁（小説家、人格19）
- 池波正太郎（小説家、外格19）
- 小室哲哉（作曲家、人格19）
- さだまさし（歌手、外格9）
- 坂本九（歌手、外格9）
- 岡本太郎（芸術家、人格9）

　さて坂本九のことだが、天格12人格7地格2外格9総格14で凶ばかりの最悪に近い名ですが一躍スターダムに登り詰めたのはどうしてか、どうしてもわからない一人である。ところが3、5、7、9のren2があり大きくジャンプアップされ大変なお仕事をされたのも何の不思議もないが、この外格「9」に「14」は秘める暗示に少し問題がある、さらに地格の「2」には破滅の暗示を含む大凶数、「九」は窮するとも言い最後はお気の毒でした。

　しかし総体的に悪い格数、14は総格だけにやはり問題のようだ。さらに地格の2は大凶数、「九」は窮するとも言い、お気の毒な最後でした。

「9」と「19」は予期しない不運に遭遇したり厄難など不吉な要素が皆無というわけではなく何らかの弊害の暗示がわずかに潜むようだ。上記の人の中には人に言えない苦渋を抱えておられる方もおられるかもしれないが、内面など見えないため単純な評価で云々するのは控えた方がいいようです。まだまだ多くの人がこの「9」と「19」を内蔵する。29、39が大吉と評価しているのに凶または大凶としているのは、どう考えても理屈に合わない。だがこの数字、「14」もそうですが飛龍の運気を内に秘める趣があり、他の格数にもよるが素敵な人が多いのも事実です。せめて吉と評価すべきであったかな。

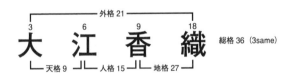

9、27、36は9の3same。活躍は当然でしょう。この名前は最高クラス。LPGA女子ゴルフ界の寵児だ。人柄良く帝王運数でもあり、金運ともに名声を博すでしょう。名前から言うと何の問題もないようだが、いくらSameがすごいと言ってもこのスリーナイン（9、9、9）だけはどうしても気になる。苦を背負うことにならないといいが。外格21、人格15が救いとなって素敵な生涯であってほしい。ほかに9、9、9を内蔵する人は以下。柏木由紀（歌手）、一

ノ瀬優希（女子プロゴルファー）、豊田一幸（IKKO、ヘアメイクアップアーティスト）、反町隆史（俳優）、野村敏京（女子プロゴルファー）

◆総格「28」も少しチェックしてみよう。不穏な暗示があって「28」は凶としていますが、以下の人達はどう判断したらいいか迷うところ。ひょっとしたら吉の評価を挙げたいくらいです。28を持つ人達は内面が見えないため、判断は難しいが以下の人達も、何か重荷を背負うておられるのだろうか、2＋8＝10この「10」やはり問題を抱えてると解釈すべきか、だが1と0加えると1。さてどのへんで妥協すべきかな。

- 植木等（俳優）
- 小池徹平（俳優）
- 六平直政（俳優）
- 香川照之（俳優）
- 高島礼子（女優）
- 三ツ矢歌子（女優）
- 萩本欽一（タレント）
- 倖田來未（歌手）
- 堺正章（コメディアン）
- 孫正義（実業家）
- 渋沢栄一（実業家）
- 室伏広治（男子ハンマー投選手）
- 園田隼（陸上競技選手）
- 比嘉大吾（プロボクサー）

- 西田敏行（俳優）
- 三浦友和（俳優）
- 船越英一郎（俳優）
- 梶芽衣子（女優）
- 浅野ゆう子（女優）
- 市原悦子（女優）
- 木村拓哉（タレント）
- 橋幸夫（歌手）
- 伊東四朗（俳優）
- 本田宗一郎（実業家）
- 土光敏夫（実業家）
- 野村克也（プロ野球選手）
- 倉本昌弘（プロゴルファー）
- 山下泰裕（柔道選手）

- 小西得郎（プロ野球監督）
- 中川祿郎（儒者）
- 勝海舟（志士）
- 武見太郎（医師）

苗字は控えますが名が「昇辰」という方。総格28外格10でいい判断は出せません。しかしこの人、園遊会にも招かれ日本でも有数の会社を経営しています。龍が昇る名が凄いのか、わからない一人である。

◆「29」も少し考えてみよう。ほとんどの本は大吉と評価していますが

2 + 9 = 11 は加えると2となる。2は不穏な数字だ。本当に大吉でいいのだろうか。

- 志垣太郎（俳優、2same）
- 斎藤工（俳優）
- 伊吹吾郎（俳優、Ren）
- 奥貫薫（女優）
- 中谷美紀（女優）
- 神保美喜（女優）
- 中嶋朋子（女優）
- 岩下志麻（女優、Same）
- 岩田公雄（ジャーナリスト）
- 浅田真央（フィギュアスケート選手、2same）
- 西村天裕（プロ野球選手）
- 久保建英（プロサッカー選手、Line）
- 前田陽子（女子プロゴルファー）
- 北田瑠衣（女子プロゴルファー、Line）
- 森田遥（女子プロゴルファー、Same）
- 山下敬二郎（歌手）
- 池田政典（俳優）
- 柄本時生（俳優、2same）
- 村岡希美（女優）
- 星由里子（女優、Line）
- 有森也実（女優）
- 山口紗弥加（女優、Ren）
- 名取裕子（女優）
- 萩野公介（競泳選手）
- 岩出玲亜（陸上競技選手）
- 髙木美帆（スピードスケート選手、Ren）
- 吉住晴斗（プロ野球選手）
- 大野将平（柔道選手）
- 佐伯三貴（女子プロゴルファー、Line）
- 横峯さくら（女子プロゴルファー、Same）
- 京田陽太（プロ野球選手）
- 西田佐知子（歌手、Line）

- 錦戸亮（歌手）
- 小津安二郎（映画監督、Same）
- 牛尾治朗（実業家）
- 岡田裕介（実業家）
- 安部公房（小説家）
- 阿川佐和子（エッセイスト、Line）
- 麻生太郎（政治家）
- 島秀雄（鉄道技術者）
- 大竹英雄（囲碁棋士、Same）
- 矢尾一樹（声優）
- 岡田有希子（歌手）
- 永守重信（日本電産創業者、Same）
- 菅哲哉（実業家、Same）
- 白洲次郎（実業家、Same）
- 北方謙三（小説家、Line）
- 桑子真帆（アナウンサー、2same）
- 高市早苗（政治家）
- 筧千佐子（死刑囚）
- 田崎真也（ソムリエ、Ren）

　以上ざっと探しだした総格29の人達、三種の神技を含む方を除いて見ますと、良くないわけではないが。一段下がるように思えるため吉にダウンした由縁です。

　◆「42」も奇妙な数字です。他のほとんどの本は格数評価を凶または大凶としています。僅か5,000人足らずの人を検索しただけですので確証、自信はありませんが、この42にも不思議があります。吉凶善悪は紙一重、時として裏返しがあるかもしれないと書いてきました。

　24は大吉でまたとない幸運を秘める数字と評価していますが、その裏返しは42です。

　さてこの42も加えると6、本当に大凶であろうか。

　以下は総格に42を持つ人達です。落合博満18、24の2sameに6、6、6があります。渡辺篤郎6、7、8のRen。浜野謙太11、21の2same。菊池風磨6、7、8、9の4ren。仲間由紀恵17、18、24、25

五章　姓名判断その寸評

の Line。清宮幸太郎 21、24 の 2same。長嶋茂雄 20、22 の 2same。石原裕次郎 6 の Same。佐藤麻衣 6、7、8 の Ren。具志堅用高 6、7、8、9 の Ren。財木琢磨 15、27 の 2same。石ノ森章太郎 5、6、9、10 の Line。長瀬智也 4、5、6 の Ren。相葉雅紀 6、7、8 の Ren。南部陽一郎 4、5、6 の Ren。福田直樹 6 の Same。浅野忠信（本名佐藤忠信）16、17、25、26 の Line。音無美紀子 21 の 4same。

◆探しだした総格 42 の方、三種の神技が含まれている方ばかりに驚きです。

だが三種の神技など特異な配置がない人は災禍を招く兆しが無いとはいえない。

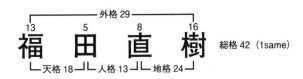

写真撮影を始めて僅か 6 年の経歴しかないものの、ボクシングカメラマンとして、瞬間撮影に才能を発揮し、アメリカの世界ボクシング評議会の「フォトグラファー・オブ・ザ・イヤー」でグランプリを獲得しました。石原裕次郎と同じ 6 の Same があり総格は 42。短期間で頂点に上り詰めたのは、裕次郎の経歴とよく似ているではないか。最悪に近い総格 42 であるにもかかわらず、三種の神技にあるこの Same には悪運を吹き飛ばす、凄い英気が隠されて

いるようです。

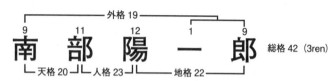

ノーベル物理学賞受賞の物理学者。「なぜ物質に質量があるのか」という謎を突き詰め、「自発的対称性の破れ」という理論を提唱し、ノーベル賞を授賞した。シカゴ大学の名誉教授でもある方だが、総格には42があります。決していいとは言えないが4、5、6と階段をかけ登るRenがあります。しかも、23と39が同居する時、凄い力を発揮すると判断しているが、この23と19のスクラムもひょっとして桁違いの才能能力を導き出しバックアップしてるかもしれない。しかも総格42、三種の神技と同居する時やはり魔物が住み着き爆発的なエレルギーを醸しだす様だ。こんな考えには無理があるかな。

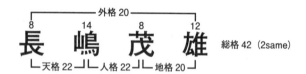

この人の格数の配置も検証のしがいがあります。この名は決していいとは言えません。何ともわからない一人です。名前からは大変な業績を上げて来た人とはとても判断出来ない。

しかし運気過剰は災禍が潜むことがあるように、その逆に最悪の格数が並ぶのはひょっとして裏返しがあるかもしれない。善悪、吉凶は表裏一体、紙一重です。車の運転ではないが運転手の心次第で右にも左にも行く。しかし「三種の神技」でいう、この2same（20、22）に2、4、6（2ren）は後押しと強い推進力を発揮し、抜群の仕事をされたのもうなずけるというもの。やはりこのsameと2renの凄さでしょう。この判断に無理があるとは思えない。

しかし、このような判断でもしなければ、長嶋茂雄という男の正体は見分けることが出来ない。美濃加茂の元市長に似て「三種の神技」の凄さを、あらわにしてくれる様です。だが悪い数字ばかりのため何か重荷を背負っておられるかもしれない。

たとえ三種の神技が内蔵されていても20、40、42の数字だけは人には勧められない数字である。

◇若い時はエネルギー溢れるばかりの活躍が出来るため少々の悪弊の兆しであっても表に出てくることはありませんが、晩年になるとどうしても気力に衰えが出て、名前にあるマイナス要素が頭を出しやすい。どなたにでも言えることですが名前に秘める暗示は年を経るごとに姿を現す。前にも記したが人の生業は「姓名、手相、人相」という道筋をたどるようだ。

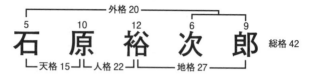

　この人も不思議な人の一人です。格数だけ見ると、人気もさることながらグループを率い大変な仕事をした人とはとても理解できない。どう考えても最悪に近い判断しか出ないからです。それでも、よく見ると15と42、それぞれ加えて6、6のSameに2、4、6（ren2）の偶数揃い、強力な後押しがあったと判断できる。ところが「裕」、この字を「ネ、ころもへん」12画ではなく、「ネ－示、しめすへん」11画でいつもサインしてるとすれば、芸名として見ることができ、判断がすこし違ってくる。すると天格15、人格21、地格26、外格20、総格41となります。外格20は本名とも重なって厄災病離別の暗示があり、これが早逝された要因かもしれないし、地格の26も少し足を引っ張るところがあるようです。しかし20、21と41、15で2、3、5、6となり三種の神技でいう抜群の推進力を含む2lineとなり、しかも総格41など大吉で理性的な実力者、人脈が素晴らしく頭角を現し、度胸あり多数を率いて確実に棟梁たる資質ありと見ることができます。しかも人格21など参謀に恵まれ知徳名声を博し繁栄、財を成す凄い名前となる。

　常日頃どちらの「へん」で名を書いていたのか、自筆のサインを見たいものです。

◇以上、総格42の不思議を記しました。断定はできませんが、三種の神技さえあれば如何なる悪弊厄災の暗示も、吹っ飛ばしてしまうように思う。

　何冊かの本に素敵な名前として加山雄三の解説はあっても、長嶋茂雄、石原裕次郎の事、さらに落合博満、杉良太郎はどこにもありません。分析が付きかねる人は避けているようです。「三種の神技」なればこそ、この人達の業績分析ができ、やはりそうかと思える節も見えてくる。小生の友達にもこの42を総格に持つ人がいます、片田舎ではありますが、従業員も多く大きな商いをしています。この総格の「42」、どうも気になる。この42やはり吉凶相半、あるいは吉と判断してもいいではないか。そんな気がする。

　二桁の数字42は加算すると6となる、一桁にして評価するのもありかもしれない。今後の課題でしょう。

　名前は5格を攪拌し、しかも三種の神技の組み立てがあるかないかで判断するので、その中の1格だけでどうだと言っても、実際には正確な判断とは言えない。姓名判断の折、これらの数字がある時は慎重を期すべきでしょう。

　石原裕次郎と同じ6、6のSameがあって総格40、42の人。財木琢磨、清宮幸太郎、福田直樹、宇治原史規（総格40）、内堀雅雄（総格40）この6、6のSameも何か凄いエネルギーが隠されているかもし

れない。

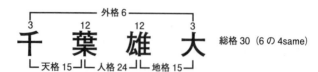

6の4sameがあり、これは凄い。半端な名前ではない。飛竜の如く舞い上がるようだ。間違いなく過強運。過ぎたるは及ばざるがごとしといいますが、総格の30がバランス良くセーブしてくれるところがあり、おそらく30に潜む悪弊を吹き飛ばしてしまうように思えます。間違いなく素敵な役者としてこれからも活躍されることでしょう。

◇失礼かと思い控えようかと迷いましたが総格40の人で女子プロゴルファー森田理香子のこと。LPGAで賞金女王に輝いた女性だがこの2、3年低迷している。

森田理香子　天格17 人格16 地格23 外格24 総格40。16、17、23、24のLineで活躍をしたのも当然でしょう。ですがこの名前は富士登山型と称し、頂上に登ったら、後は下りるしかない名前です。それは総格40が足を引っ張るからです。40だけはいただけない。

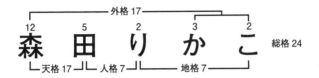

もし通称を「森田りかこ」と名を変えたとすると、天格17人格7地格7外格17総格24となり7、7、17、17で2sameとなり、24はお金に不自由しない暗示あり、しかも7揃い。この7揃いがいいか悪いかはともかく、最高クラスの名前となる。本人の気力が衰えてなければ、一、二年の内には復活し優勝杯を手にできると思うがどうであろう。

※河瀬直美（映画監督）東京オリンピックの公式記録映画を担当されるそうですが、名に17、17、27、27で2same、なおかつ7揃いだ、総格の44に少し心配なところがあるがこの名前も凄い。ちなみに64年の東京オリンピックでは市川崑監督が務めた。

◇さらに一人、テニスの世界で大活躍する錦織圭のこと。

天格34、人格24、地格6、外格22、総格40で4、4と6、6の2sameの名前です。いい名前ではありますがやはりこの総格40に問題があります。けがが多く、いい所まで行っても今一歩手のとどかないところがある。しかも生涯に渡って何か苦を背負うことになりかねない。

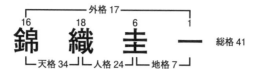

通称、芸名のような考えから「錦織圭一」としたら天格34、人格24、地格7、外格17、総格41で5、6、7、8の4renとなり凄い名となる。今までより、もっと大きく羽ばたくことができるでしょう。またテニス以外どんな仕事に携わろうと、あらゆる面で頭角を現し、多数を率いて成長、確実に棟梁たる素養が生まれると見る。人間的にも素敵な人には違いないが、さらに大きく成長されることでしょう。

　もう一人、囲碁棋士、羽根直樹。棋聖、名人、本因坊、天元など連覇を含め25のタイトル獲得者。天格16、人格18、地格24、外格22、総格40。凄い才能を持ってお生まれになったことでしょう。全て順風満帆ですが、この22と40が少し気になります。この40に秘める暗示がとても悪い。常日頃どんなお暮しかわかりませんが、何か苦を、あるいは今後何かの災禍が訪れるような兆しがある。何事においても無理をされないことが肝要かと。

　前にも記したが藤井聡太にも総格40があります。心配なことです。

　◆人様のことを一刀両断の如く生意気な判断をし、お叱りを受けるかもしれません。小生の判断が絶対

とか必ずということではありません。起こるかもしれない事を云々しているのです。見当違いもあるかもしれない、大波小波の人生、波乱を乗り切っていただきたいだけです。

◇さらに不思議に思える人。杉良太郎。天格7、人格14、地格20、外格20、総格34。この格数はどう判断しても芸能界で大変な活躍してる人とは思えない程悪い。

長嶋茂雄にもある20のSameは間違うとどん底に陥いるという、とんでもない数字。しかも総格の34など年を経るごとに苦難を背負うことになる、決していいとは思えない格数配置です。ところが、

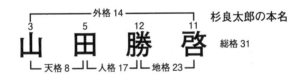

杉良太郎の本名
山田勝啓　総格31

山田勝啓、天格8、人格17、地格23、外格14、総格31で素敵な名前です。

芸能界に入り込むことができたのは、この本名の良さが幸運を引きずり寄せたようです。5、5と8、8の2sameがいいです。これはジェットエンジンを搭載するような名前です。5と8の数字もいい。外格の14は抜群の推進力を発揮してまわりをまとめ、どんな仕事でも成功に導くというまたと無い格数。31は天与の才能と幸運を併せ持ち人望ありて成功する

と見る。芸名と違って、この本名が強力な後押しをしたように思える。本名が生涯をバックアップするか、しないかは、人それぞれですが彼の場合は芸名をはるかに凌駕してるようです。しかし芸名とて軽んじてはいけません。本名がいかに良くとも、改名した名前は、長年使えば何らかの形で秘める暗示が表に出てくる。それは20のSameです。この20だけはいただけない。何か変事が起こりそうな名前です。気をつけられるがいい。

◇松本幸四郎が「名はまさに太陽、人は名前で変わる」と言いました。けだし名言です。改名で人生を大きく変換する事は不可能ではない。いずれにせよ「命名、改名」には名に夢と希望を滲ませ、大成するであろう暗示と幸運を引き寄せる兆しを名に組み込むことによって、相当高い確率で上昇気流に舞い上がることは間違いない。名は嘘を言わない。

◆二つ三つ気になることがある

諸先輩の姓名判断の本をいろいろと見て、勉強させていただいていますが、どうも少し変だなとつい批判がましくなり、お叱りを被るかもしれない。お許しを頂きたい。

まず一つに、ある本に女優の夏目雅子、天格15、人格17、地格15、外格13、総格30と、貴乃花部屋のおかみさん花田景子、天格15、人格17、地格15、

外格13、総格30と5格の数字が全く同じであるのにこの本では、夏目さん、花田さんの生活状況を知ったうえで判断し、違った判断を下しています。花田さんの判断を夏目さんに、夏目さんの判断を花田さんに置き換えると全くおかしな判断になる。同じ格数なのにこれはおかしい。

　姓名判断というのは格数が示す暗示、災禍が降りかかるか、成功への兆しがあるかなど、純粋に格数評価からのみ判断すべきであって現在置かれた状況を聞き、また知ったうえで判断すべきではありません。それは本当の姓名判断とは言えないはずです。

　実はお二人とも判断が違って当たり前なのです。それは本名や、結婚前の名前を見ていないからです。生まれた当初の名前というのは結婚や芸名によって名前が変わったからと言って、その性格、人間性が突然変わるわけではない。生まれた時からの名前の働きが、名を変えた以後も累積として尾を引き、その人を生涯にわたって引きずるからです。前に記した杉良太郎にしても、変えた名前が悪くとも、本名がとてつもなく良いため、生涯をバックアップすることがあるように、生後つけられた名はおろそかにはできない。

　二つ目におかしいのは、「花」を10画で見ていることです。花は7画です。草冠を6画で数えること事体、時代錯誤も甚だしい。また「雅」は13画であるのにどうして12画なのか。この雅を12画と判断

してる本は他にもあります。漢和辞典などで調べればわかることです。

そこで以下、格数を正しく判断すると

夏目雅子は天格15、人格18、地格16、外格13、総格31となり素晴らしい名前になります。

本名も小達雅子、天格15、人格25、地格16、外格6、総格31となり、6、6と7、7の2sameの素晴らしい名前です。しかし本名、芸名とも両方にまたがる31は秘める暗示が倍増し、抜群の推進力を有する名前だが。この数字並びは女子には強すぎて危険。間違いなく運気過剰。

時として運勢をとんでもない方向に引きずり込む可能性がぷんぷんしている。

花田景子は天格12、人格17、地格15、外格10、総格27でいい名前です。

本名は河野景子で天格19、人格23、地格15、外格11、総格34。決して悪いわけではないが、総格の34の暗示はいつも余計な苦労が絶えず、外格の10も問題がありそうで、家庭運に少し不安が残るようです。事実は分かりませんが、何か重荷を背負っておられるかもしれない。いい格数並びで問題は無いと思うが本名であるからこそ、尾を引きやすい。

実のところ、小生は旧姓をなるべくチェックするようにしています。結婚して名前が変わることがあっても旧姓はこの世を去るまでついて回る。離婚して旧姓に戻ることがあれば、結婚して変えた名は消

し飛んでしまう。要するに芸名にしろ**「仮の名前」**にすぎないのです。しかし芸名、通名でも長年使えば本名よりウエイトが重くなることも事実です。と言って本名にある暗示が消えるわけではありません。どうもどの先生方もこの辺を理解しておられないようだ。

　生まれた当初に付ける名前がいかに大切か、おわかりいただければ有難い。

　◇以下の二人はこの本章の90ページに記してありますが、ある本に
　A　舛⁷　添¹²　要⁹　一¹　天格19、人格21、地格10、外格8、総格29　大吉　（8、9、10の3ren）
　B　堀¹¹　江⁷　貴¹²　文⁴　天格18、人格19、地格16、外格15、総格34　大凶（15、16、18、19 Line）
とある。この評価は如何ですか。二人の名前にはRenとLineが内蔵され、凄い働きがあり、いいお仕事をされて来たのも当然、この判定に異論を言うつもりはありません。

　しかしさんずいを4画と数えることに問題があります。90ページの評価と比較してもらえばよくわかると思いますが、評価は逆転します。二人の生きざまを見ると小生の分析の評価がいかに正しいか理解いただけると思います。草かんむりは6画、りっしんべんは4画など時代錯誤も甚だしい。あるがままの画数で姓名判断をするという原則から逸脱する。この様な旧態依然とした数え方の本は6割近くあり

ます。それを信用して名付けているとすれば気の毒なことです。姓名判断は1画違うと全く違う評価となり、しかも運勢そのものがあらぬ方向に飛び散ることになりかねない。極端な言い方ですが名前で人生はどうにでもなるということです。

　※実を申し上げると、当初にも書きましたが、小生が姓名判断に興味を覚えたのは、舛添要一と堀江貴文の上記の判断をしておられる本を見てからです。この本の判断ですと小生の本名平野恒示はどちらかというと素敵な名前となる。にもかかわらず惨めな晩年を迎えることになったのは、こざとへん（阝）は4画では無くて3画です。すると平野恒示は、天格16、人格20、地格14、外格10、総格30となり10、20、30は井伊直弼と同じで、小生の名前は最悪となる。わずか一画の違いが天地真逆の判断となる、この本の判断はどこかくるっている、おかしい、そこで僅か2冊しか持ってない姓名判断の本を見がてら、5,000人足らずですがテレビに出るなど名声を博す多くの人達を調べてきました。この人達の名をいろいろの角度から分析しつつ見てるうちに、変に共通した凄い組み立ての技が潜んでいるのを発見したのです。それが今回公表することになった「玉寿三種の神技」です。

　そんな経由の中でこの考えを何とか世間にとの思いから、名前を平野友彬（天格16、人格15、地格15、外格16、総格31で2sameとなる）、とし通

五章　姓名判断その寸評

名として使うことにしました。すると不思議なことに、その名で名刺を作った五日目でしたか、何でその方に名刺を差上げたのか、失礼な言い方ですが、普段の考えでしたら、従事しておられる仕事からして、名詞を渡すなど考えられない方です、処が渡したその日の夕方お邪魔したいからと尋ねて来られた。退屈まぎれにこんなことをしていると、姓名判断の事を少し話しただけですが、翌週再度来られ、驚くべきことに8冊もの姓名判断の本を持ってこられ、ご自由にお使いくださいと、頂くことになりました。さらにその一週間ほど後のことだが電話があり、古い友人から暫らくご無沙汰してるが逢いたいというので尋ねた折、今興味のあるのは姓名判断の事だと話したら、即、印刷会社を紹介してくれ、とんとん拍子に今回の出版となりました。平野友彬この名にしたら途端に人生の先の灯に火が付いたようです。名前というのは我ながら恐ろしいもの、おろそかには出来ないとつくずく思い極めるところです。

◇たまたま調べていたら「辰巳琢郎」の格数は天格10、人格14、地格20、外格16、総格30。10、20、30。この最悪の配置は井伊直弼と同じで、災禍が降りかかるはずの名前であるのに芸能界で大変な活躍ぶりはどう考えても理解しがたい。小生の判断は間違いではないかと、色々調べていたら「琢」11画の字、本名では「琢」12画であることが分かった。

　すると配列は天格10、人格15、地格21、外格16、総格31は3、4、15、16のLineとなり総格31は抜群の推進力を含み、15、16、21など人柄秀逸、堅実に事を進め順調に階段を登るとあります。いいお仕事をしているのは当然で三種の神技の組立てが如何に凄いかを改めて知る思いです。一画の違いが恐ろしい結果を生み出すことを如実に教えてくれるようです。

　◆平昌冬季オリンピックで金などメダルを獲得した人達の名前を見るに、三種の神技の組立ての人が多いのに驚きです。努力と研鑽の賜物と思います。三角形の頂点が金メダルとすると、その底辺までの人達、数限りなく多くの人がいて、それぞれ相当の苦労と努力を重ねておられることでしょう。しかし、陰でいくら並外れた努力をしても結果が出ない人はいくらでもいます。そんな中で抜きん出るということは、名前の良し悪しが運命のかじ取りをしているように思えて仕方がない。下積みと言ったら失礼ですがそんな方たちの名前もチェックしてみたい。名は魔法のようなものです。必ずと言いたいほど、名前の内に秘めるエネルギーの強弱が結果として浮か

び上がる筈です。

2018年2月の東京マラソンのことですが、当初優勝を一番期待されていたのは、井上大仁（天格7 人格6 地格7 外格8 総格14）。5、6、7、8の4renがあり凄い名前です。

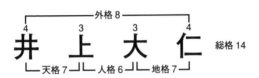

過去の実績を見れば日本人一位が当然と期待されていました。しかし、わずかに陰りがあってか負けた。格数の配置に問題は無いが坂本九と同じ総格14が、足を引っ張ったようです。もしこの14、人格か外格にあれば結果は分からなかったでしょう。優勝したのは設楽悠太（天格24、人格24、地格15、外格15、総格39）で2sameがあります。一億円の賞金を頂いた男です。

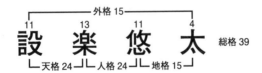

設楽で注目すべきは格数24のSameがある。24はお金に不自由しないという暗示があり、15のSameに総格39は人柄穏やかにしてひたむきに試練に耐え、絶え間なく研鑽に努め成功への道を歩むという暗示があります。三種の神技でいう2sameはと

てつもないエネルギーを醸しだすようです。一億円の賞金は当然でしょう。羨ましいことです。

　いずれにしてもこの両人、Ren といい Same といい、この組み立ては注目に値すると思う。前にも記したが三角形の頂点にいるということはどちらも甲乙付けがたい凄い方です。今後は東京オリンピックに向けて一層研鑽されることを祈ります。

　◆運気過剰の人に問題が起きるというのではなく、潜んでいる厄災が頭を出すかもしれないと解釈いただきたい。また人は、それぞれに思惑もあって計り知れないところもあるが、運気過剰でも格数にマイナス要因が少しでもあればセーブしてくれることもあって、災禍なく階段を登ることが出来るでしょう。

　高い山に登れば登るほど危険を伴うし、頂上に登りきれば、後は下りる道以外ない。用心深く慎重であれば無難に制覇できるものを、有頂天になったり、うぬぼれや無理があれば必ず反発が待っています。それは家庭内事情か身体にかかわることか、或いは携わる事業の事なのかはわかりませんが、何か変化が現れると見るべきでしょう。

　姓名も人の生き様も 90% くらいだと穏やかな暮らしが出来るようです。どうもこの辺が命名の極意かもしれない。

　◆この寸評分析、格数表を見ながら確認していた

だきたい。有名人を主に解説してきましたが、人それぞれ携わる仕事の貴賤、善悪の判断は無関係です。四囲の人の名前をチェックしてみてください。格数評価は嘘を言わないようです。だが人それぞれの育つ環境や体調、またその思惑にも計り知れないところがあって、この判断100%とは言えない。神のいたずらか、どう考えても判断がつきかねる名前の持ち主が稀にいるからです。

　しかし人は停滞することは許されない。考えるに夢と希望に満ちた人生を送ろうとするのは当然の思惑です。そこで注目したいのが姓名判断です。名前を見ればおおよその生き様を知ることができます。命名、改名いずれにしても、人生を上昇するか下降するか。格数の中に隠された摩訶不思議な威力に翻弄されることはほぼ間違いないようです。

「三種の神技」を含む命名の組立てが凄いと記してきましたが、確率の問題です。100%とは言いませんが、あらゆる業界でTopかTop3に君臨したり、相当高い成果を得られることができるでしょう。吉数だけでも素敵な人はおられますが、三種の神技を組み込む名の人にはとても太刀打ち出来ない。上昇気流に乗る確率がダントツに高いのです。

　姓名判断の本を数十冊も集めて読ませていただいていますが、どうも粗探しをしているようでご批判は免れないと思います。これも間違った判断による命名で幸運を掴みそこなった人たちに警鐘を鳴らす

為とお許しを頂きたい。少々生意気かな。しかし自信はあります。

　表に出す書に批判がましいことは控えるべきと思いますが、あまりにもおかしな本ばかりで我慢がならないからです。この書はいい名前を付けたいと求める人たちのものです。

　幸せな暮しが出来るように、素敵な名前を付けるお手伝いができると信じています。

　◆この項の最後に、チョット不謹慎かな、少し趣を変えて日本の長者番付を挙げてみます。(2018年調べ)
・ソフトバンクグループ代表・孫正義 (61才)
　　5、6、9、10 の Line
　　資産2兆3,000億円（日本長者番付 No.1）
・ファーストリテイリング社長・柳井正 (69才)
　　4、4、5、5 の 2same
　　資産2兆200億円
・サントリーホールディングス会長・佐治信忠 (72才)
　　15、15、17、17 の 2same
　　資産1兆9,000億円
・キーエンス創業者・滝崎武光 (73才)
　　19 の Same。見方によっては 4、4、9、9 とも
　　資産1兆8,500億円
因みに、
・楽天社長・三木谷浩史 (53歳)

2、3、14、15のLine
資産6,000億円
ところで世界長者番付No.1は
・Amazon社長・ジェフ・ベゾス
資産1,120億ドル（約11兆9,000億円）

◆あるTV月刊雑誌に登場する俳優さんを分析してみました。本名があればまた判断も大きく違う場合もあり、失礼があるかもしれません。俳優さんといえども予備軍まで含めると、何千人ではなく何万人かもしれません。互いにしのぎを削り、技量伯仲の同輩の中から選ばれて舞台やスクリーンに登場する人たちは、力量もさることながら名前の良し悪しが道を開いてくれるように思うがどうでしょう。その運とは何か、それは名前に潜む摩訶不思議な力ではないか。次の寸評を見ていただくとわかると思いますが「Same」「Ren」「Line」の人が多いのは流石です。

なお短評ですので不充分は免れません。お叱りを被るかもしれません。今後どんな運命と対峙するのか、長い目で見ていたく思います。

西島秀俊　15、16、17の3renに16のSameの素敵な格数の配置。いい役者になられるであろう。

有村架純　16のSameに総格の32は棚ぼたの幸運。一芸に秀でて地位や財を成すとある、いい名です。

木村文乃　6と11の2same。すばらしい名としか言い

ようがない、先が楽しみだ。

山下智久 6と18の2same。総格24。いいですね。発展数、生涯お金に不自由しないという暗示まである。

東出昌大 11と13の2same。総格24。この人も伸びるでしょう。どこまで伸びるだろう。お金には不自由しない。

武田梨奈 16のRen。総格32もいい。棚ぼたの運命。衆望を集め破竹の勢いの僥倖運数。

亀梨和也 協力者現れ着実に階段を登るであろう。人柄秀逸。帝王運数でもあるが予期しない不運があるかも。

鈴木伸之 10、11、16、17の2line。発展数。全く問題なしと言いたいが地格の10が苦労絶えずと、少々心配。

麻生祐未 14、14、16、16の2same。いいですね。ただこの14は挫折しやすく不安要素がわずかに。特に晩年は。

武井　咲 とてもいい名とは言えない。着実に階段を登られるでしょうが苦難の暗示がわずかに潜むようだ。

井川　遙 地格12、総格19は八方塞がりで予期しない不運に会いやすい。後がいいから救いがあるかも。

中越典子 堅実の階段を登る。英知才能あり。根性もあるようで、苦境があっても乗り切る気力あり。

田中　圭 9、10、11の3ren。素晴らしい推進力を保有し順調に成功の階段を上る。全て順風満帆の様

だが9、10が気になる。

小関裕太　26のSame。順調に人生を歩まれることでしょう。着実に階段を登る姿が見えるようだ。

内田理央　9、9と16、16の2same。ジェットエンジンを搭載、キャリアウーマンの素質、まずは問題ないと思うが。

山内惠介　7、7と16、16の2same。推進力、帝王運数があり親分肌でもある。勢いよく上昇気流に。

中川大志　6、7と10、11の2line。相対的に格数の配置がいい。相当早く階段をのぼりつめるでしょう。善哉。

中島裕翔　進取の気で進展あるも浮沈激しい人生。だが洞察判断力あり飛躍することあり、尻上がりかな。

小池栄子　知徳名声博し事業で成功することもあるも、八方塞がりと崩壊の暗示が潜む。地道に精進の事。

板谷由夏　15のSame。飛躍できる要素あり。進取の気性に富み成功するであろう。晩年が少し気になる。

土屋太鳳　12、13と17、18の2line。抜群の推進力に才覚あり、大志大業を成す暗示あり。ただし晩年は注意のこと。

小栗　旬　天与の徳を得て安泰。長寿、人望厚く家運を起こす。だが予期しない不運波乱厄難と隣り合わせの感。

波　瑠　22の3ren。ジェットエンジンを搭載した凄

い人生を歩まれると思う。心配ないと思うがわずかに不安要素あり。

天海祐希 天与の才能と幸運を併せ持ち、中年以降運気急上昇。なんの憂いもない。

仲里依紗 智謀才覚に優れ大志大業を成す。友好関係広く地位財産急上昇。なんの憂いもなし。

新木優子 着実に階段を登る発展数。災禍の兆しがあるも洞察判断力良くピンチを打破する行動力あり。

笛木優子 旺盛な独立心。階段を一歩一歩の人生かな。家庭運薄く経済的にも不安定要素。不成功の暗示が。

土村　芳 協調性薄く、孤立し、誤解されやすいが意思堅固にして精進すれば目的完遂することが出来るだろう。

桐谷美玲 16、17、18、19の4ren。運気過剰の恐れあるが才覚に富み、負けず嫌いで運を切り開き大業を成す発展数。

成田　凌 一匹狼タイプ。独立心強く経営能力あり。事業家で成功、金運家庭運も上々、何の不安材料もなし。

加藤綾子 勤勉で努力家末広がり、一芸に秀でて地位や財を成すが自己中心の考えが災いして運勢に影が。

長野智子 全て順調。信望を集め階段を登るでしょう。ただし中年以降、裏切られ一気に落ち込むことあるやも知れない。

榎並大二郎　専門分野で頭角を現わし、健康、聡明、人柄良く、堅実に発展。だが家庭運薄く、経済的にも不安があるかも。

広瀬すず　総格30は成功を収めても晩年は問題。しかし、ほかの格数は抜群天与の徳あり上昇気流に乗れるでしょう。

神野美伽　親分肌だが足元を固めるのが大切。16と20の2same。上昇気流に乗ることが可能。ただし晩婚か後家相。

綾乃　剛　専門分野で頭角。本来はリーダーの補佐。お金には不自由しないが、苦労多く、病弱孤独の暗示あり。

石毛良枝　6、6の1sameがある。俳優であり、登山家でもあるようだ。素敵な生涯でしょう、不安材料なし。

村岡希美　舞台俳優。16のSameがあり、総格29など推進力あり。15は人柄よく人望を集め上昇気流に。

吉高由里子　凄い名前。15と16のSameが。猫と晩酌が趣味とか、この俳優さんこれから伸びるでしょう。

五章一節　命名時に念頭に置きたい事柄

◆命名、姓名判断の折、少し注意が必要かもしれません。

※　平仮名の「り」が名の最後にある時、何事も流れやすく、成すことが難しくなるようです。また光、旭、虎のように書き順の最後が跳ね上げる字は上昇気流の暗示あり。

※ウ冠の字は帽子のようなもので名前の下に配置するのは避けた方がいいです。例：弘定、正寛、など
　究　安　守　寛　宏　宗　定　憲　宣　家　など
（一字使用の時は関係ない）

上記の文字を名前の上に使うのはいいが、下に使うのは頭を上から抑える趣があって、生涯卑屈な兆しがあるようです。上昇気流に乗り遅れ何か薄暗い暗示が潜み災禍が見舞う恐れがあるかもしれない。

※さらに天格（苗字）の格数に名前の最初の一字の画数を加えた数字を「社会運」と言い、苗字の下の一字と地格（名前）の格数を加えた数字を「家庭運」とし、特に女性の場合この家庭運はその生活環境など禍福を覗き見ることが出来るという。

※名前に濁音はあまり感心できないという。「静子」「かず子」「千鶴子」など濁音は呼ぶ響きが陰波（音霊）を引きずり、何かの災禍を招く恐れがあるといわれます。濁音のある場所によって体調を崩す位置もおおよそだが、分ることもあるという。

転落死した松尾和子、いわゆる「ロス疑惑」で世間を騒がせた三浦和義や、早世した美空ひばり（本名「和枝」）などにある「和」もそうですが、濁点が入ります。この判断、多少気になるところがあるようです。さらなる検証が必要であろう。

　※左右割れ字、渡、和、野、利、朗、彰、静、林等のような文字ばかりの名前は少し問題があるかもしれません。分離破滅の兆しが潜むようです。中、茂、美、友、一、真、貴，隼、英など左右に割れない字を混ぜ合わせるのが無難の様だ。

　※「ン」の付く名前の人は幸運を運んでくれると言って好む人がある。

　落語家の円歌、小さん、立川談志、林家三平、三遊亭小金馬、三遊亭金馬、大橋巨泉、松平健、沢田研二、緒方拳、森田健作、明石家さんまなど

　※命名時に出来るだけ避けたい文字
　・不吉な文字
　和　勝　北　節　由　房　素　幸　花　満　笑
　・一字使用の時の不吉な文字
　　登　勝　貢　望　恵　薫　忠
　不吉と言われる文字で
「和」は後家さんに多く、事故やら離婚など不運を招くことがままあるようです。
「勝」の字は力強く凄いと思うが性が強すぎて晩年、力負けするようです。
「由」の字は果物が熟して地に落ちた姿という。中

年良くとも、晩年落ちたら元に戻れない不運が潜みます。

「節」文字からして竹の節、固くて真っ直ぐに伸びるようだが、竹が割れるように突然災禍が訪れることあり。

　幸、満、笑、など上記のような字も含め、名につけた場合、結果として裏返しの生涯を送ることもあるという。和の裏は不和、幸の裏は不幸、勝の裏は負け、などこれらの文字は両輪の如く並走し、どちらに比重が傾くかわからないといいます。文字にはそれぞれ変な理屈があってなるほどと思える節もないとは言いませんが、こんな考え方もあるのかと気に留めておく程度でいいでしょう。

　※以上、スタッフの一人が言ったことだが、些細なことのようでも一応チェックが必要でしょう。ですが必ずそうなるというのではなく、あまり気にすることなく聞き流していただいてもいいでしょう。

◆以下も参考に、

1　13、31、23、39、45画の人は如何なる悪弊も振り払い苦難を乗り越える力があります。

2　総格23、47画の人は後ろ盾多く、信頼と協力により高い地位につけるでしょう。

3　総格が34、46画となる人は思わぬ災難やら事故犯罪など苦難に遭うこともままあるようです。

4　9、14、19画は不運を招きやすく子孫に恵まれに

くいなど凶の暗示もありますが、隠された暗示に人格、外格にある時は、時として上昇気流に乗り抜群の働きがあるようです。この9、14、19は命名を依頼されても一応控えますが政治家など破竹の成果を挙げる可能性を含む様です。戦後の総理大臣の約4割にこの14がある。

5 20、22、28、40画の人は厄災が付いて回り遺産相続などの時に不運に遭いやすい。特に20、40など出来るだけ避けるべきでしょう。

6 女性で21、31、41画が総格にある場合、過強運の為、独身で過ごすか、結婚後も夫に代わって社会的に仕事をするか、あるいは離婚するケースが多いようです。

7 総格、地格に11、21、31、41画のように「1」で終わる名の人は如何なる業種に携わろうとその社会のリーダーとして活躍されている方が多い。くどいようですが命名、姓名判断に絶対とか必ずという言葉はありません。職業の貴賤、善悪の判断もありません。環境、気力、思惑、才能などによって判断に大きく食い違いが発生することも稀ではないが、もし命名に秘伝があるとすれば、それは「三種の神技」にほかならない。この組み合わせを用いれば、あらゆる不穏な暗示も霧散させるよう働き、これを内蔵することによって、間違いなく85〜90％以上の絶妙のスタートラインが用意されます。100m競争で50m先からスタートするようなもので、あとは育

つ環境もさることながら本人の気力、努力、才能で100%なり130%、それ以上にも登り詰めることも可能だからです。怠ければ当然100%に達することすら覚束ないであろう。

8 大吉である15は1+5=6、21は2+1=3、32は3+2=5、41は4+1=5。加えた数字を見ると、これらの数字、評価通り運気を呼び込むと判断できます。と言って同じ大吉の13は1+3=4と29は2+9=11は2となり、悪い数字ではないか。ところがこの13と29は素敵な暗示を含む数字です。どうした訳かと問われると答えに苦しみますが、そうではないです。1と3は大吉の組み合わせ、29は1と1の並びと考えたらどうでしょう。それぞれ勝手な解釈ですが、各格数を推し計る一つの目安とし、この考え方が格数判断の根底にあるように思えます。

ところが今一つ、55は全ての本で凶としていますが、5+5=10、この10は良くありません。ところが1+0=1となる。するとあやしい判断に思えてくる。他にもありますが、この55の凶は理解できないところがある。実際には総格55の画数の人には中々巡り合わないので現実にどうかと言われると検証の実績がないため判断に迷うところです。

少し勇み足の考え方ですが、あながち筋違いな考えとは思えない。全ての格数の評価はこんな考えが根底に入り混じっているように思えます。この見方で「数字について」と「格数評価表」の項をご覧に

なるのも一興かもしれません。読む人を迷わせるような推測で、確証の自信はありませんので、この8の項だけは素通りしていただくがいいかと。

ナポレオンは「この世に不可能はない」と言った。エジソンは「1％のひらめきと99％の汗」と言い、ディズニーは一つの仕事をやりきるたびに、さらにもう一つ何かをと「たえず未完成意識を」持ちつづけていたようです。90才で長寿を全うした葛飾北斎は80才の折、猫一匹描けないと嘆き、画法の探求を怠らなかった。漫画の大家である手塚治虫は、どうしても色気のある女性は描けないと悩まれたこともあったようです。人は生涯何事においても探求心を持ち続け、諦めないことが成功への道であり長寿の秘訣ではないか。思いの持ち方で人生は大きく変貌するに違いありません。

新約聖書ヨハネ福音書に「初めに言葉ありき、言葉は神と共にあり、万物は言葉によって成り言葉のうちに命がある」とあり、「長生の家」の谷口雅春は「人は神の子である」と言われた。言葉は即ち神であり命に魂が宿る光であり、目の前に開くのは無限の世界なのです。オギャーと生まれた瞬間「ともちゃん」「よっちゃん」と呼ばれて人生が始まるわけですが、その名前の響きが言霊となって無限の世界に羽ばたいて行くこととなる。未知数の神の子の誕生です。この子の未来に夢を託しようではありませんか。

命名は仇やおろそかにできない厳粛な儀式のよう

に思う。厳かに寿ぎたいものです。

◆以下、参考として読んでいただければ。生涯の基礎数、宿命数ともいう、一つの背番号のような物、

　A　西暦で例えば1935.6.30生まれとすれば1+9+3+5+6+3 = 27、2+7 = 9で生涯の基礎数は9となります。2017年の運勢は、2+1+7 = 10+9 = 10は1の年、2017年10月19日の運勢は2017.10.19 = 48は12は3。即ち運勢は3となる。（数字の判断は姓名判断の格数表で吉凶を見てください）

　B　マイナンバーの合計を上記のような計算をしたら、これも一つの見方。

　C　欧米では下の数字で基礎数を割り出し、人の盛衰も見る方法があるようです。

A=1	B=2	C=3	D=4
E=5	F=6	G=7	H=8
I=9	J=10	K=11	L=12
M=13	N=14	O=15	P=16
Q=17	R=18	S=19	T=20
U=21	V=22	W=23	X=24
Y=25	Z=26		

　因みに、私はHIRANO KOUJI（8 9 18 1 14 15　11 15 21 10 9）で8+9+18+1+14+15+11+15+21+10+9 = 131で1+3+1 = 5となります。「獣の数字6・6・6」に同じことを記しましたが、アメリカPGAで活躍の松山英樹は

「5」。LPGAで賞金ランクTOPにもなった宮里藍は「3」。岡本綾子は「8」。それぞれ凄い活躍である。ところが石川遼は「4」。苦難の米国遠征、この数字が物語るのかな。

　D　ある数霊判断による人の基礎数の捉え方

あ =1	い =5	う =3	え =2	お =2
か =1	き =5	く =3	け =4	こ =2
さ =1	し =5	す =3	せ =4	そ =2
た =1	ち =5	つ =3	て =4	と =2
な =1	に =5	ぬ =3	ね =4	の =2
は =1	ひ =5	ふ =3	へ =4	ほ =2
ま =2	み =1	む =6	め =8	も =4
や =1		ゆ =3		よ =2
ら =1	り =5	る =3	れ =4	ろ =2
わ =1		を =2		ん =3

※濁点は外してください

　例　「まつやまひでき」は　2+3+1+2+5+4+5＝22は2+2で4が生涯の基礎数となります。

　以上4種で人の生涯の持ち数といいますか、基礎数に関する考え方を記しました。この判断はそれぞれご随意に、こんな捉え方もあるかと覚えておいていただければ。

五章二節　不運を招くと言われているが本当だろうか

◆姓名判断の歴史が浅いせいか、諸先輩に戸惑いがあるからか理にそぐわない不自然な考えが多い。今回の姓名判断「三種の神技」とでは、大きく判断の違う点を以下にまとめてみました。1から5番目などは論外であるし、6、7番目など特に理解されてないようです。

1、草かんむりは6画、りっしんべんは4画、さんずいは4画などと数えていますが問題外です。諸先輩の本の6割以上はこんな数え方をしておられる。正確な判断が出来るとはとても思えない。前にも記しましたが時代錯誤も甚だしい。

2、数字の数え方、これもおかしいです。「四」は5画なのに4画、「六」の4画を6画、「八」の2画を8画と数えるべきとする本も数冊あります。これもおかしな数え方です。実際に書く折の画数が基準でなくてはならないのに。

3、平仮名となると、全ての本が「る」は1画なのに2画、3画と数えている本が2冊もあります。「す」は2画なのに3画、「は」は3画なのに4画。これらの考えも実際に書く折の画数が基本なのにおかしい。どの先生方も平仮名の捉え方が皆同じだが、辞書および筆順辞典とは全く違う。漢字はあるがままの画数で見なさいと言いながら平仮名になると全く違った数え方をする。これではいい判断が出来ない

上、命名の折に迷うばかりだ。

4、平仮名を判断するとき、カタカナで見よとの本もあるがこれもおかしい。あるがままという原則から逸脱する。

5、苗字、名前が一字の時は、上か下に一を置いて判断せよという考えの方がおられます。しかし多くの人を見てきたが、これは全く意味のないことと思う。かえって悪い評価が出ることの方が多いようです。これもあるがままという原則から逸脱する。

6、芸名や通名は長年使えばそれなりに大きなウエイトを発揮するでしょうが、本名に潜む暗示が消えるわけではありません。人によって強弱はありますが生涯引きずることでしょう。

7、姓名判断寸評をご覧になれば分ると思いますが、過強運は過ぎたるは及ばざるがごとしで、即ち良すぎるのは何かの災禍を招く恐れがあります。あるではなく潜むと言った方が的確かな。

ところが逆に悪い格数ばかりの名にはその裏返しが噴き出ることもごく稀にあるようです。

吉凶、善悪は表裏一体、紙一重。車の運転のようなものでどちら行くかは運転手、即ち本人次第。そんな思いがする。

◆ある姓名判断の本に、如何なる格数であっても天地同数、複合数、重複数など同じ格数は互いに反目し合い、焦燥、破壊、不吉なエネルギーがぶつか

り合い、不運を巻き起こすとあります。それは、格数がいがみ合い、とことん勝負するためで互いに壊滅するという。本当にそうでしょうか。小生の判断ではその逆で、同じ格数、即ち同居するということはその秘める吉か凶の働きを倍増すると見る。しかも凶にしてもその暗示を相当和らげひょっとすると吉にもなる趣が介在するようだ。姓名判断寸評をご覧になれば小生の判断がいかに正しいか理解いただけるでしょう。

　不吉な名前と判断される人達の一部を紹介します。

- 石坂浩二（俳優）
- 植木等（俳優）
- 武田鉄矢（俳優）
- 三浦友和（俳優）
- 加山雄三（俳優）
- 伊東四朗（俳優）
- 小林稔侍（俳優）
- 土門拳（写真家）
- 平岩弓枝（脚本家）
- 丹下健三（建築家）
- 石田芳夫（囲碁棋士）
- 樋口久子（女子プロゴルファー）
- 松岡修造（男子プロテニス選手）
- 桑田真澄（プロ野球選手）
- 浅田真央（フィギュアスケート選手）
- 福原愛（卓球選手）
- 中曽根康弘（総理大臣）
- 佐久間象山（藩士）
- 勝新太郎（俳優）
- 山本耕史（俳優）
- 沢口靖子（女優）
- 森繁久弥（俳優）
- 渡辺謙（俳優）
- 北大路欣也（俳優）
- 仲代達矢（俳優）
- 松本幸四郎（歌舞伎役者）
- 辻井伸行（ピアニスト）
- 岡本太郎（芸術家）
- 福山雅治（歌手）
- 葉加瀬太郎（ヴァイオリニスト）
- 宮里優作（プロゴルファー）
- 三浦雄一郎（プロスキーヤー）
- 長嶋茂雄（プロ野球選手）
- 古橋廣之進（競泳選手）
- 鈴木亜久里（レーシングドライバー）
- 平井一夫（実業家）

・今田耕司（タレント）

◆同じ数字を持つ以下の人たちは、同じ格数が互いにつぶし合うため、事件や事故に遭いやすく離婚、別居、病難に苦しんだり破産や盗難、肉体的、精神的にも衰運が駆けずり回るという？

1、本殺（姓の一番上の文字と名の一番下の文字の格数が同じの時）

・植木等（俳優）
・合田雅吏（俳優）
・本木雅弘（俳優）
・西田敏行（俳優）
・志田未来（女優）
・小池栄子（女優）
・柴田理恵（女優）
・落合博満（プロ野球選手）
・青木瀬令奈（女子プロゴルファー）
・坂崎幸之助（ミュージシャン）
・桑原幹根（政治家）
・川端龍子（画家）
・木下恵介（映画監督）
・山野愛子（美容家）

・石橋蓮司（俳優）
・大和田伸也（俳優）
・浅野忠信（俳優）
・三ツ矢歌子（女優）
・吉永小百合（女優）
・筒香嘉智（プロ野球選手）
・上田桃子（女子プロゴルファー）
・鈴木愛（女子プロゴルファー）
・山東昭子（政治家）
・芦田均（外交官）
・梶田隆章（物理学者）
・山口洋子（著作家）
・惣田紗莉渚（歌手）

2、横死殺（外格と人格が同じ数になっている）

・菅原文太（俳優）
・瑛太（俳優）
・長門勇（俳優）

・佐野史郎（俳優）
・仲代元久（俳優、仲代達矢）
・勝新太郎（俳優）

- 東野英治郎（俳優）
- 石原良純（俳優）
- 小沢栄太郎（俳優）
- 本田翼（女優）
- 若尾文子（女優）
- 南野陽子（女優）
- 南果歩（女優）
- 谷口雅春（「生長の家」創始者）
- 白洲正子（随筆家）
- 平尾昌晃（作曲家）
- 林佳樹（ミュージシャン、YOSHIKI）
- 木戸愛（女子プロゴルファー）
- 岩崎弥太郎（実業家）
- 橋本龍太郎（総理大臣）
- 古田肇（政治家）
- 糸井重里（コピーライター）
- 六平直政（俳優）
- 志村喬（俳優）
- 渡部篤郎（俳優）
- 有村架純（女優）
- 岡田奈々（歌手）
- 土田早苗（女優）
- 美保純（女優）
- 沼田真佑（小説家）
- 金井克子（歌手）
- 渡辺麻友（歌手）
- 北島三郎（演歌歌手）
- 宗猛（陸上競技選手）
- 大川博（実業家）
- 小池百合子（政治家）
- 山下清（画家）
- 林修（タレント）

3、頭殺（姓の一番上の文字と名の一番上の文字が同じ数）

- 高品格（俳優）
- 菅田将暉（俳優）
- 浅田美代子（女優）
- 森喜朗（総理大臣）
- 枝野幸男（政治家）
- 松本明子（タレント）
- 美村美紀（タレント）
- 矢沢永吉（ロックミュージシャン）
- さだまさし（歌手）
- 菊竹清訓（建築家）
- 桐生祥秀（陸上競技選手）
- 植木等（俳優）
- 財木琢磨（俳優）
- 松岡茉優（女優）
- 音無美紀子（女優）
- 海部俊樹（総理大臣）
- 東野幸治（タレント）
- 東国原英夫（タレント）
- 林佳樹（ミュージシャン、YOSHIKI）
- 森雄二（歌手）
- 青山和子（演歌歌手）
- 松下幸之助（実業家）

・鈴木愛（女子プロゴルファー）　・設楽悠太（陸上競技選手）

4、崩殺（姓と名をつなぐ文字が同じ格数のとき）

・山本未來（俳優）　　　　・橋本広司（俳優、役所広司）
・藤原竜也（俳優）　　　　・千葉雄大（俳優）
・窪田正孝（俳優）　　　　・三浦浩一（俳優）
・神田正輝（俳優）　　　　・伊吹吾郎（俳優）
・志田未来（女優）　　　　・松岡菜優（女優）
・栗山千明（女優）　　　　・岩井友美（女優）
・市原悦子（女優）　　　　・忌野清志郎（ロックミュージシャン）
・林田民子（演歌歌手、水前寺清子）・樋口久子（女子プロゴルファー）
・服部真夕（女子プロゴルファー）・金田正一（プロ野球選手）
・野茂英雄（プロ野球選手）　・朝比奈宗源（禅僧）
・滝沢秀明（歌手）　　　　・指原莉乃（歌手）
・森喜朗（総理大臣）　　　・広田弘毅（総理大臣）

5、破殺（天格と外格が同じ格数の時）

・渡部篤郎（俳優）　　　　・武田鉄矢（俳優）
・村井國夫（俳優）　　　　・山本耕史（俳優）
・小林稔侍（俳優）　　　　・石原良純（俳優）
・橋本広司（俳優、役所広司）・高橋英樹（俳優）
・麻生祐未（女優）　　　　・沢口靖子（女優）
・上野隆三（殺陣師）　　　・芦川よしみ（女優）
・尾崎健夫（プロゴルファー）・宮里優作（プロゴルファー）
・不動裕理（女子プロゴルファー）・片岡大育（プロゴルファー）
・堀内恒夫（プロ野球選手）　・川岸史果（女子プロゴルファー）
・松野明美（陸上競技選手）　・浅田真央（フィギュアスケート選手）
・山内惠介（演歌歌手）　　・氷川きよし（演歌歌手）

- 小池徹平（歌手）
- 村上元三（小説家）
- 中曽根康弘（総理大臣）
- 西郷隆盛（志士）
- 森口博子（タレント）
- 有吉弘行（タレント）
- 舟木一夫（歌手）
- 山口洋子（著作家）
- 藤井聡太（将棋棋士）
- 杉原千畝（国家公務員）
- 伊東四朗（俳優）
- 岡田圭右（タレント）

6、天地殺（天格と地格が同じ格数のとき）

- 広田弘毅（総理大臣）
- 志田未来（女優）
- 石坂浩二（俳優）
- 渡辺謙（俳優）
- 倉田準二（映画監督）
- 相葉雅紀（歌手）
- 青山和子（演歌歌手）
- 坂崎幸之助（ミュージシャン）
- 阿久悠（作詞家）
- 滝口悠生（小説家）
- 井上大仁（陸上競技選手）
- 大石学（日本近世史学者）
- 森口博子（タレント）
- 池田勇人（総理大臣）
- 古手川祐子（女優）
- 浅利陽介（俳優）
- 西島秀俊（俳優）
- 小沢一郎（政治家）
- 幸田浩子（歌手）
- 三田明（演歌歌手）
- 東儀秀樹（作曲家）
- 岡本太郎（芸術家）
- 清宮幸太郎（プロ野球選手）
- 北島康介（競泳選手）
- 伊東四朗（俳優）
- 石田三成（戦国武将）

7、また別の本では　天地同格、横同格、天地衝突も不運を招くと言う。

　一、天地同格、前記の本殺と同じ考え

　二、横同格は前記、横死殺と同じ考え

　三、前記にはない外格と地格が同じの時、事故や災難に遭うとあるが、以下の人たちはどうであろう。

- 財木琢磨（俳優）
- 高橋悦史（俳優）
- 里見浩太朗（俳優、佐野邦俊）
- 東出昌大（俳優）
- 杉良太郎（俳優）
- 北大路欣也（俳優）
- 松下奈緒（女優）
- 古手川祐子（女優）
- 中村メイコ（女優）
- 松岡茉優（女優）
- 森喜朗（総理大臣）
- 東條英機（総理大臣）
- 枝野幸男（政治家）
- 松山英樹（プロゴルファー）
- 板東英二（プロ野球選手）
- 松野明美（陸上競技選手）
- 渡部暁斗（ノルディック複合競技者）
- 梶田隆章（物理学者）
- 野村萬斎（能楽師）
- 森口博子（タレント）
- 岡田奈々（歌手）

- 武田鉄矢（俳優）
- 菅田将暉（俳優）
- 東野英治郎（俳優）
- 奥田瑛二（俳優）
- 金田明夫（俳優）
- 中村公平（俳優）
- 音無美紀子（女優）
- 木村文乃（女優）
- 南沢奈央（女優）
- 浅田美代子（女優）
- 橋本龍太郎（総理大臣）
- 海部俊樹（総理大臣）
- 丸山大輔（プロゴルファー）
- 谷原秀人（プロゴルファー）
- 桑田真澄（プロ野球選手）
- 古橋廣之進（競泳選手）
- つんく（音楽家、寺田光男）
- 菊竹清訓（建築家）
- 松本幸四郎（歌舞伎役者）
- 東野幸治（タレント）
- 松岡昌宏（タレント）

四、天地衝突とあるが前記　天地殺と同じ考え

8、またある本では伏運（人格の数と地格の数を合わせた数字）が凶となれば必ず災禍があり避けるべきとあります。次はそれに当てはまる人たち。

萬田久子　「人格 8 + 地格 6 = 14」以下数字のみ記載
三波春夫　「17 + 13 = 30」
氷川きよし　「7 + 7 = 14」
浅田真央　「15 + 15 = 30」
浅野ゆう子　「13 + 7 = 20」
萩本欽一　「17 + 13 = 30」
片平なぎさ　「9 + 13 = 22」
松坂慶子　「22 + 18 = 40」
上沼恵美子　「22 + 18 = 40」
渥美二郎　「11 + 11 = 22」
大和田伸也　「12 + 12 = 22」
竹中直人　「12 + 10 = 22」
久本雅美　「18 + 22 = 40」
森田一義（タモリ）「6 + 14 = 20」
習近平　「18 + 12 = 30」
山本耕史　「15 + 15 = 30」
王貞治　「13 + 17 = 30」
尾上松也　「11 + 11 = 22」
小林稔侍　「12 + 12 = 42」
星野哲郎　「21 + 19 = 40」

◆以上の項目は全て悪運、厄災を招くといいますがこの考え方はとても同意できない。意味のない不可思議な判断に思えます。どこからこんな考え方が出てくるのか邪道としか思えない。

◆またある姓名判断の本によると陰陽の配置

奇数●偶数○の配置で幸運か不運かのバランスを考えるといいます。この判断を問わない姓名判断の本もいくつかあります。以下その可否を考えて見よう。

吉の配置
●○●●　　●○●○　　●○●○　　●○●○
○●○●　　○○●○　　　○●　　●○●○

凶の配置
○○○○　　●●●●　　●●●　　○○○
○●●●○　　●○○○　　●●●○

この他配置の仕方は色々ありますが、単純に混在する配置は吉の判断でいいようです。

この項、一応参考にしますが三種の神技の組立てでは自動的にクリアできる筈です。

◆五行説　　五行、三才ともに諸説があってどうも繁雑にしてるだけの感はぬぐえない、以下

Ⓐ文字の頭文字を読みで五行を

Ⓑ頭文字の音読みで五行をなど何の意味も無いことで、良し悪しの判断はいただけない。五行は互いに相関関係にあり、相手を生かす組み合わせを「相生」、損なう組み合わせを「相剋」というが気にすることはないでしょう。

◆三才　　この三才も各先生によって判断がまちまちです。

Ⓐ一つには三才連珠の出し方は五格の内、天格、人格、地格の数字で天格21の時、1を、人格32の時2を、地格25の時5を、一桁の数字で三才を見る。

Ⓑ天格、人格、地格のそれぞれの和を一ケタにした数字で見る。例えば32は加えて5と43は7として見ます。

㊍1・2　㊋3・4　㊏5・6　㊎7・8　㊌9・0

大吉格　　木・木・土／木・火・土／木・水・金
　　　　　火・木・土／火・木・火
　　　　　火・土・金／土・火・木
　　　　　土・金・水／金・土・火／金・水・木
　　　　　水・木・火／水・木・土／水・金・土

凶格　　　木・土・木／木・土・水／火・金・水
　　　　　土・火・水／土・火・水／土・水・土
　　　　　土・水・水／金・木・金／金・木・水
　　　　　金・火・金／金・火・水／金・土・水
　　　　　金・水・火／水・火・水／水・水・土

※以上、いろんな方たちを記してきましたが、皆不穏な組立てであり悲惨な災禍を招くと言えるでしょうか。複合数、陰陽、五行、三才など的確な判断とは思えません。姓名判断の寸評のなかで紹介している方たちのほとんどが、これらの判断において素敵な名前と言えなくなる。とても考えらない。どう

考えても訝しいところが多すぎる。ほとんど意味のない、おかしな判断ばかりだ。参考にする必要はないでしょう。こんな判断に迷わされると命名、改名など出来なくなる。中には災禍にお悩みの方もおられるでしょうが人生に紆余曲折はどなたにでもあります。いかなる苦難があろうとそれを乗り切るエネルギーが名前にあるかないかです。順風満帆な生涯を過ごせる方は極稀でしょう。

五章　姓名判断その寸評

六章 「漢字」「平仮名」「カタカナ」画数リスト

一画 一 乙

二画 丁 七 乃 九 了 二 人 入 八 刀
十 カ ト 又

三画 々 万 丈 三 上 下 与 丸 久 之
乞 也 亡 凡 刃 千 及 夕 女 子 寸 小
山 川 工 己 巳 已 巾 干 弓 才 叉

四画 不 丑 中 丹 予 云 互 五 井 仁
今 介 仏 允 元 公 六 内 刈 化 匁 王
匹 区 升 午 厄 友 双 反 収 天 太 夫
孔 少 尺 屯 巴 幻 引 心 戸 手 支 文
斗 斤 方 日 月 木 止 比 毛 氏 水 火
父 片 牛 犬 勾 壬 勿 甘 尤 爪 勾

五画 且 世 丘 丙 主 丼 乎 仔 仕 他
付 仙 代 令 以 兄 冊 写 冬 処 凧 戊
疋 禾 凸 凹 出 刊 功 加 包 北 半 占

卯去古句只召可台叱右史叶
号司四圧外央失立奴尼左功
巨市布平幼庁広弁弘必打払
斥旦旧未末本札正母民永氾
汀汁牙玄込玉瓦甘生用田由
甲申白皿目矛矢石示礼穴辺
辻

六画 丞両争亘互交亥亦仮仰
仲件任企伊伍伎伏休会伝充
兆先光全共再凩列匠匡印叫
各合吉同名后吏吐向吸回因
団在圭地壮多好如妃迅字存
宅宇守安寺尽州巡帆年庄式
弐当戍成扱旨早旬旭曲有朱
朴机朽次西毎気汎汐汗江池
灯灰牟百竹米糸缶羊羽老考
耳肉肌自至臼舌舟色芋芝虫
血行衣迂汝托而夷尖弛曳此

瓜　肋　迂　迄

七画

似　作　劫　吾　坑　寿　役　抄　李　汽　秀　花　足　阪　吻
伺　余　努　吹　坊　対　形　技　杉　決　社　芯　走　里　杖
伸　何　助　含　均　宏　弟　批　更　汰　町　芦　赤　酉　灼
伶　体　利　否　阪　完　弄　扶　攻　求　男　芙　貝　邦　牡　灸
伴　佑　別　吟　坂　孝　廷　戻　改　来　甫　良　豆　那　孜
伯　佐　判　君　囲　妥　床　我　択　杣　玖　臣　谷　邑　孚　庇
亨　往　低　初　卵　困　妙　希　応　折　束　災　肘　角　迎　坐　祁
亜　位　冴　即　告　妖　岐　忘　杭　沢　肖　見　辰　呑　芥
串　但　兵　医　呉　売　局　志　投　村　沙　系　芹　辛　芭　沌
巫　佃　児　労　呈　壱　尿　忍　抑　材　沖　芸　車　麦　汲
伽　克　励　呂　声　尾　忌　把　杏　沃　私　芳　身　防　妖

八画 並 乳 事 些 亜 享 京 佳 併 使
侃 例 侍 侑 供 依 価 侮 免 其 具 典
函 到 制 刷 券 刹 刺 刻 効 劾 卒 卓
協 参 叔 取 受 周 味 呼 命 和 固 国
坪 垂 夜 奇 奈 奉 奔 妹 妻 姉 始 姓
委 孟 季 学 宗 官 宙 定 宛 宜 宝 実
尚 尭 居 屈 届 岡 岩 岬 岳 岸 幸 底
店 府 延 弥 弦 彼 往 征 径 忠 念 怖
怜 性 怪 房 所 承 披 抱 抵 抹 押 抽
担 拉 拍 拓 拘 非 拙 招 拝 拠 拡 放
斉 於 旺 昂 肯 昆 昇 昌 明 易 昔 朋
服 杯 東 松 板 析 枕 林 枚 果 枝 枠
枢 欣 欧 武 歩 殴 河 沸 拂 油 治 陀
沼 沿 況 泊 泌 法 泡 波 泥 注 泳 炉
炊 炎 版 牧 物 狙 玩 画 的 直 知 祈
祉 空 突 者 股 肢 肥 肩 肪 育 舎 芽
苑 苗 苛 若 苦 英 茂 茄 阜 茅 茉 茎
虎 表 廸 迪 迫 迭 述 邪 邸 采 金 長
門 阻 阿 附 雨 青 沫 苔 坦 兎 臥 奄

旻 或 昏 宕 庚 忽 帖 杵 杭 杷 斧 枇
沓 竺 肴 陀 迦 苺 昊 穹 祗

九画 乗 亭 享 候 侵 侶 便 係 促 俄
俊 俗 保 信 俟 冒 冠 則 削 前 勁 勃
勅 勇 南 単 卸 厘 厚 叙 咲 咽 哀 品
哉 型 垣 城 変 奎 奏 契 姻 姿 威 孤
客 宣 室 宥 封 専 屋 峠 峡 巻 帝 帥
幽 度 建 孤 彦 侍 拶 後 怒 思 怠 急
恒 恨 悔 括 拭 拶 拷 拾 持 指 挑 狭
政 故 施 星 映 春 昧 昨 昭 是 昴 昼
架 柄 柊 某 染 柔 柚 柱 柳 柵 査 柾
柿 栃 栄 段 泉 洋 洗 洞 津 洪 洵 洸
活 派 浄 浅 海 炭 点 為 牲 狩 独 狭
茸 玲 珍 甚 界 畏 畑 発 皆 皇 盆 相
盾 省 眉 看 県 砂 研 砕 祐 祖 祝 神
秋 科 秒 糾 紀 約 紅 級 美 耐 耶 肺
胃 胆 背 胎 胞 胡 胤 臭 茜 茨 茶 草
荒 荘 虹 哀 衿 要 訂 計 貞 負 赴 軌

軍 迷 追 退 送 郁 郊 郎 重 限 面 革
音 風 飛 首 香 侠 廻 柑 柘 柏 臥 頁
穿 恰 按 洛 珂 盃 祢 娃 姪 姥 巷 姥
殆 珈 竿 籾 珀 昆 即 俐 珊 恢

十画 修 俳 俵 俸 俺 倉 個 倍 倖 候
借 倣 値 倫 倭 倹 党 兼 冥 凄 准 凌
凍 剖 剛 剣 剤 剥 勉 匿 原 員 哨 哲
哺 唄 唆 唐 啄 埋 晄 夏 姫 娘 娠 娯
孫 宮 宰 宴 宵 家 容 射 将 展 峰 峯
島 峻 差 師 席 帯 帰 座 庫 庭 徐 徒
従 恋 恐 恕 恣 恩 恭 息 恵 悌 悦 悩
扇 拳 挙 挨 挫 振 挿 捉 捜 敏 料 旅
既 時 晃 普 晟 書 朕 朗 栖 栗 栞 校
株 核 根 格 裁 桁 桂 桃 桧 案 桐 桑
桜 梅 殉 殊 残 泰 流 鬼 浜 浦 浩 浪
浮 浴 侵 消 烈 特 珠 班 畔 留 畜 畝
益 真 眠 矩 砲 祥 秘 租 秦 秩 称 竜
笑 粉 粋 紋 納 純 紗 紘 紙 紛 素 紡

託　速　陞　哨　訊　畠　套
脊　訓　通　降　倦　砧　柴　悌
脈　袖　被　途　針　鬼　笠　峨　圃
脅　逐　酒　釜　高　碇　晒　挽
脇　華　蚕　骨　秤　捉　挺
能　莞　透　酌　馬　紐　哩　這
脂　軒　配　酎　烏　卿　逗　栖
胸　莉　起　酊　隼　桔　浬　莫　砥
胴　荷　赴　郡　隻　屑　挺　莱　耽
耗　般　貢　連　徐　閃　荻　閃
翁　航　財　逢　陣　圍　釘　狼　倶
策　致　記　造　院　凉　豹　窄　晏

十一画

兜　鳳　副　剰　亀　偏　健　偲　測　偵　偶
啓　喝　執　培　勘　務　唯　唱　唾　商　問
宿　寂　寄　寅　基　堀　堂　堆　婆　婚　婦
常　庵　庶　康　蜜　尉　崇　崎　崖　巣　帳
得　悠　患　情　庸　庵　張　彗　彩　彫　彬
捺　捻　掃　授　惇　惟　惜　戚　彪　据　捷
借　掲　描　救　排　掘　強　捗　捨　控　推
望　梓　梗　梢　教　斎　斜　採　探　接　晨　曹
　　　　　　　　　　梧　梨　械　断　旋　族　涯
　　　　　　　　　　　　　　欲　殻　毬　液

涼淑淡深淳混添清渇済渉渋
渓渚爽猛猟猪猫率現球理琉
琢瓶産略異痕犀盛眸眼票祭
移窒窓雀章笙笛笠符第笹粒
粘粛紬累細紳紹紺絃組経翌
習脚脩脱脳舶舷船菌菓菖菜
菫萌著葛虚蛍術萠袈袋規視
訟訪設許訳豚貨販貫責赦軟
転逮週進逸部郭郵郷都酔釈
野釣陪陳陵陶陸隆雪頂頃魚
鳥鹿麻埜黄黒冨堆悉挽晦梯
桶梶梁梗畢舵訣雫釧埴徠惚
掬棒婉掠椰淀絆牽砦羚軀萓
萄菩菱菜袴焔捲菊逞

十二 画 渾偉傍傘備僅凱割
創勝募勤博善喚喜喩喫喬営
圏堅堕堪報場塀塁塔塚奥婿
媛富尊尋就属嵐棋巽帽幅幾

掌　敬　曾　椎　測　然　短　筋　統　裁　詠　軸　量　雇　喧　湛　裡　尅
扉　敦　暑　植　温　焦　着　等　給　詞　距　釉　集　堺　椀　腔　琶
慌　散　暁　椋　渦　無　皓　筆　絢　衆　評　越　酢　雄　喋　楼　硯　琵
愉　敢　智　椅　渥　滋　登　童　絡　蛮　詔　超　遥　随　飲　斯　甥　硯　逼
惣　揺　塔　隈　陳　渡　満　疎　峻　絞　葵　詐　貿　達　階　飯　揃　琥　葡　雁
循　援　閏　晴　棚　殖　湾　畳　程　紫　落　証　貼　道　隊　須　粥　萬　葡
惑　揺　塔　隈　陳　淵　湿　畳　税　結　葉　証　貼　道　隊　飯　揃　葡
複　揮　景　棒　歯　湯　瑛　稀　糀　萩　訴　貸　運　隅　項　寓　犀　董
御　握　普　期　款　湧　琴　禄　粟　腕　覚　買　遊　間　韮　惹　筑　茸
弾　換　晩　朝　欽　湖　琳　硬　策　脹　補　貴　遇　閑　順　捲　湘　貫
廊　楊　斑　最　極　港　煮　硫　答　翔　裕　貯　遂　開　雲　喰　淵　萱　葛
廃　提　斐　替　検　賀　焼　硝　筒　絵　装　象　軽　鈍　雰　堵　焚　註　隈

十三画

			傑	催	傭	傲	債	傾	働	僧
勢	勧	嗣	嘆	園	塊	塑	獅	塗	塞	填	塩
墓	夢	奨	嫁	寛	嵩	寝	嵯	幌	幕	幹	彙
廉	微	遡	想	愁	意	愚	愛	感	慄	慈	慎
慨	戦	搬	携	摂	数	新	暇	暉	蒙	暖	椰
椿	楊	楓	楠	楪	業	楷	楼	楽	歳	殿	源
準	溝	溢	溶	滉	滑	滝	滞	漠	漢	煎	煙
照	献	猿	瑚	瑞	瑶	盟	睡	督	睦	碁	禁
禅	農	禎	福	稔	雅	稜	窟	節	絹	継	続
置	署	群	羨	義	聖	聘	賢	腰	腸	腹	腺
舜	艇	蒔	蒲	蒸	資	蒼	蓄	蓉	蓋	蓮	盧
蜂	裏	娑	裸	裾	褐	解	触	詢	詣	試	詩
詮	詰	話	跡	該	詳	誇	誉	誠	豊	賃	賂
賄	資	賊	跡	路	跳	践	較	載	辞	農	遜
遠	遡	遣	酪	酬	鈴	鉄	鉛	鉢	鉱	隔	稚
零	楕	雷	雹	電	靖	頌	預	頑	頒	頓	飼
飽	飾	鳩	鼓	稟	円	塞	傭	噌	塙	僅	幌
楯	煌	楚	溜	煤	蒋	牒	楢	漣	煉	碓	碗
禽	羨	葦	蓑	蓬	蒐	詫	跨	鼎	馴	馳	

十四画

墨 慣 模 漸 稲 綺 腐 説 酸 隠 髪 榮 膏 貌
增 慢 槇 漱 種 綸 肇 語 酷 障 駆 榊 蔭 遜
境 慕 様 漬 磁 綱 聡 誘 酵 際 駅 幹 窪 摺
塾 態 構 漫 碩 維 聞 誓 遮 駄 實 綴 蒋 緋
嘉 徴 榛 演 碑 精 翠 認 遭 閣 閥 餌 嶋 箔
僚 徳 概 漆 碑 罰 誌 適 遭 関 餅 嘗 箕
僕 彰 暮 漂 璃 箸 練 複 辣 錢 飼 禎 竪 鳶
像 層 暦 漁 嵯 管 緒 製 輔 銘 領 鼻 頗 瘍
　 寧 暢 滴 瑠 算 禄 蜜 踊 銅 静 槍 漕 鞍
　 寡 旗 歴 箋 総 蔦 貌 銀 需 鳴 槍 賑
　 察 摘 歌 爾 箇 綿 蕨 豪 銃 雜 鳳 樋 蔓
十 嫡 憎 樺 熊 穀 綾 膜 読 銀 雌 魁 榎 裳
　　　　　　　　　　　　　　　　　　 厩

十五画

嘲 影 嘱 勲 劉 劇 億 凛 儀
噴 摩 幣 履 導 寮 審 嬉 墜 墳
徹 慧 戯 憬 憧 憤 悰 憂 慶 慰 慮
器

撃 撤 撮 撲 敵 敷 暫 暴 槻 標 権 横
歓 毅 潔 潜 潟 潤 潮 澄 熙 熟 熱 畿
監 盤 確 磐 稼 稽 稿 穂 窮 窯 箱 範
線 締 編 緩 縁 縄 罵 罷 膚 膝 鋪 舞
蔵 蔽 蕉 蝶 衝 褒 誕 誰 課 誼 調 諄
談 請 諏 諒 論 黎 諸 諾 謁 賓 賛 賜
賞 賠 賦 質 賭 趣 踏 輝 輪 輩 遵 遷
選 遣 遼 醇 鋭 鋳 閲 震 頰 養 駐 駒
魅 黎 黙 噂 撫 幡 撒 撰 廟 撞 魯 播
樟 歎 稽 畿 篇 痩 糊 蕃 蕪 蝉 蔽 蕎
蕨 蝦 誰 鄭 鞍 鋒 頬 駈 駕 樫 噌 箸

十六画

儒 凝 叡 墾 壁 壇 壊 奮
嬢 憩 憲 憶 憾 懐 擁 操 整 曇 樹 橋
橘 機 澪 激 濁 濃 燃 燕 獣 獲 磨 積
穏 築 篤 糖 緯 縅 縛 縦 縫 繁 膨 膳
興 蕗 薄 薦 薪 薫 薬 融 衛 衡 親 謀
諦 諧 諭 諮 謀 謎 謡 賢 輸 避 還 醒
鋼 錘 錠 錦 錬 錮 錯 録 隣 隷 頭 頰

頼館鮎鮒鴨黛龍憐樫樽謂諺
膳薗蕾蹄鋸錐輯錆醍醐錫鞘
縞諦橙薙

十七画　償優厳嚇嶺懇戴擦
擬曖曙檀濯燥燦爵犠環療瞭
瞳矯磯礁篠縮績繊翼聴臆覧
膽謙講謝謹購轄醜鍋鍛鍵闇
霜霞鞠頻駿鮮鴻齢壕擢檎濡
燭櫛檜瞥瓢徽藁螺薩襖薙鍬
輿闇檀篠

十八画　懲曜濫燿壁瞬礎穣
穫簡糧織繕繭翻職臨藍藤藩
襟覆観贈鎌鎖鎮雛闘難韓題
額顎顔顕類騎騒験鯉麿叢櫂
禮蹟醤鎧鵜鞭謹儲

十九画　瀬爆璽麗簿繰羅艶
藻蘭覇識譜警蹴鏡霧韻願髄

鯛 鯨 鵬 鶏 麓 曝 寵 襦 繋 蘇 蟹 顛
蹴 櫓 麒 瀧

二十画　巌 懸 欄 競 籍 耀 議 譲
護 醸 鐘 響 馨 膽 瀬 簒 騒

二十一画　艦 躍 露 顧 魔 鶯 鶴 鰯
灘 纏 蠟 饗 轟

二十二画　籠 襲 驚 讃 驍 鷗

二十三画　鑑 鱒 鷲

二十四画　鷹 鷺 麟 鱗

※しんにゅうは普通は（辶）3画で数えるが（辶）4画で数えることもある。この筆順辞典では3画の判断ですが、「漢和大辞典」などで調べてから使ってください。

ひらがなの画数
※濁点は2画、半濁点は1画加算

あ (3)	い (2)	う (2)	え (2)	お (3)
か (3)	き (4)	く (1)	け (3)	こ (2)
さ (3)	し (1)	す (2)	せ (3)	そ (1)
た (4)	ち (2)	つ (1)	て (1)	と (2)
な (4)	に (3)	ぬ (3)	ね (2)	の (1)
は (3)	ひ (1)	ふ (4)	へ (1)	ほ (4)
ま (3)	み (2)	む (3)	め (2)	も (3)
や (3)	ゆ (2)	よ (2)		
ら (2)	り (2)	る (1)	れ (2)	ろ (1)
わ (2)	ゐ (1)	ゑ (1)	を (3)	ん (1)

カナ文字の画数

※濁点は2画、半濁点は1画加算

ア (2)	イ (2)	ウ (3)	エ (3)	オ (3)
カ (2)	キ (3)	ク (2)	ケ (3)	コ (2)
サ (3)	シ (3)	ス (2)	セ (2)	ソ (2)
タ (3)	チ (3)	ツ (3)	テ (3)	ト (2)
ナ (2)	ニ (2)	ヌ (2)	ネ (4)	ノ (1)
ハ (2)	ヒ (2)	フ (1)	ヘ (1)	ホ (4)
マ (2)	ミ (3)	ム (2)	メ (2)	モ (3)
ヤ (2)	ユ (2)	ヨ (3)		
ラ (2)	リ (2)	ル (2)	レ (1)	ロ (3)
ワ (2)	ヰ (4)	ヱ (3)	ヲ (3)	ン (2)

◆　参考文献には『常用漢字筆順辞典』、学研の『漢和大辞典』および、ひらがなはパナソニック株式会

社文字認識エンジン"楽ひら®"を採用しています
　※この漢字表には不適切と思われる文字を一部削除してあります。
　※常用漢字に人名漢字を入れてあります。
　※画数を数えるに如何なる条件も一切必要ありません、平仮名文字にしても、多くの人を検索してきた結果、上記の数え方で正しい判断が出来るようです。平仮名の数え方は十数冊ある姓名判断の本すべてが「る」は２画、中には３画、「は」４画、数字に至っては「五」は４画なのに５画「八」も２画なのに８画とわけのわらない数え方をしています。漢字もしかり。文字は実際に書く線の運びで判断するのが基本で、平仮名と数字だけは違うなど、とんでもないことです。文字はすべてあるがままで数えなくてはなりません。ある本では平仮名はカタカナで見よという本もあり、おそまつとしかいいようがない。

◆少し余談ですが2017年８月28日、ニュースで北海道釧路市桂恋の海岸に遺体が漂着した。中国人女性と分かり、名を「危　秋潔」さんという。この苗字にある危険の「危」、どう思われますか。中国は文字発祥の地でありながら日本とは文字に対する考えが少し違うようです。また徳島県のローカル線で「大歩危」「小歩危」という駅があります。この危も不思議ですが、妖怪屋敷もあるそうです。また事故に遭いやすい、近寄り難い場所があると言います。不思議な街かもしれません。

六章一節　漢字の成り立ち

前4000頃〜
中国先史時代から殷の時代（約500年続く）にかけて甲骨文字（卜辞、金文など）が使われた
前2560頃
エジプト第4王朝クフ王の墳墓としてピラミットが作られたのがこの頃
前1300頃
甲骨文字（理解されてない文字を含めて約3000字）は殷から周にかけて青銅器などに刻まれた。「卜辞」「金文」「古文」など、銘文のほとんどが亀甲文字を装飾的に描き、絵に似たものが多い。
殷では穀物の豊穣、雨乞いや祭り、戦の時期まで、あらゆることを文字を刻んだ亀の甲羅や獣の骨のひび割れで占った。これが象形文字の起源、亀甲文字は神との対話のために生まれ、これが漢字となった。
　殷から周へと古代最大の天下分け目の激戦で勝利した周は、神との交信のための漢字を、他の部族との契約や意思疎通の手段として使うようになり、瞬く間に浸透していった
前1066
祭などに唄われた歌が詩経となり、語り継がれた祖先の教訓がやがて書経となる。これらは西周初期に作られた。文字が相当の速度で出来上がりつつあったようだ。中国最初の文献、詩経、書経がつくられその完成は前600年ころ

前657
初代神武天皇の御代、日本の夜明けである。神話によると西暦2020年は皇紀2680年
　福岡県には古墳やら遺跡が多く、この頃すでに朝鮮半島との交流があり、当時他国からの多種多様の人々の移動により日本に定着もし、今日の基礎が醸成されつつあったようだ。中でも3000年以上前の遺跡には戦に使った武器や、農耕などに使われたと思われるものが多く出土していて他国からの文化というか智慧の輸入があったようだ。

前551？
孔子生まれる。孔子の編纂した「春秋」にちなんでこの時代を春秋時代と呼ぶ

前483？
釈迦没。この年を前後して儒教の経書『四書』（大学、中庸、論語、孟子）が記される。

前350前後
諸子百家と呼ばれる思想家が活躍。中でも孔子の思想を継承した儒家、老荘思想の道家、他に墨家、法家など乱立。国を憂い秩序の回復を狙うなど各論あり。以後、孟子、荘子、屈原、荀子が生まれる。韓非子など相当の思想家が生まれた。ソクラテス、プラトンもこの頃

前250
日本は弥生時代中期で、弥生土器が普及し、農耕文化が発達。小国家が乱立する。

前221

中国統一を果たした秦は各地方で独自に発達した文字を統一、法治国家としての体制を整える

前209

千年以上かかったと言われる万里の長城が完成し、のち始皇帝没、宰相の李斯は権力争いに敗れて処刑されたが、大変な業績を残した。道路や運河を整備し、文字は小篆（書体の一つ）・官制・法律を整え度量衡、貨幣を統一する。それ以前の文字を古文という。ところでこの小篆という文字、あまりにも装飾的で、下級職員など書きにくいため、徐々に簡素化され「楷書」「草書」「行書」と年月を経るごとに改良と手軽さを求めて実用化され今日に至ったようだ。その後、項羽、劉邦らが挙兵する、項羽との戦いに勝利した劉邦が天下の覇権を握り、史上最長の王朝である漢帝国が成立した。この頃中国の文献に耶馬台国の記述あり

前100

中国に仏教が初めて伝わるとあるが、実際にはもう少し後のようだ。前漢武帝の時代司馬遷による歴史書「史記」がなる。また易を中心とした易学と道家思想が広がり、文学では「詩経」「楚辞」など形式の異なる五言詩が作られるようになった。

武帝は儒教を国教とする

西暦4

キリスト生誕。30年ころ磔刑に処せられる。

西暦65
ローマ皇帝ネロはキリスト教徒を迫害弾圧する
西暦57
倭の奴国(日本)は、光武帝に貢物を送る。「漢委奴国王」印を賜る。1784年、福岡県志賀島で出土、現在は国宝
西暦107
後漢に使節を送る。戦争を避けて渡来した帰化人も多く、隣国の優れた文化をもたらされることに
西暦238〜
この頃、漢字が伝わる。実際にはもっと前であろう。往来があれば、当然、意思疎通や外交文書になくてはならぬからだ。耶馬台国の女王・卑弥呼が魏に使いを送る。魏の明帝、証書を下し卑弥呼を親魏倭王とする
西暦350頃
大和朝廷すなわち日本政府成立(仁徳天皇の御代)、国内統一
西暦391
朝鮮半島に出兵、百済、新羅を破る。663年朝鮮白村江で日本軍が唐軍に敗れる。この頃ローマ、テオドシウス大帝、キリスト教を国教とする
西暦470
日本に仏教が伝来し、仏教文化が発達。朝鮮、中国との関係が深まり諸文物の伝来も多くなる
西暦527

インドの高僧、達磨(だるま)大師が中国梁に来る。中国禅宗の租と言われている。540年没

西暦538

百済の聖明王、仏像経論そして仏典を日本におくる。その後たびたび仏典・僧尼をおくる

西暦604

聖徳太子17条憲法を制定。百済の僧観勒、日本に天文、地理書を伝える

西暦607

法隆寺建立。小野妹子、隋に派遣される。高句麗の僧、曇徴は絵具、紙、墨の製法を伝える

西暦610

マホメット、イスラム教布教開始

西暦622

聖徳太子没。

西暦646

玄奘大師による「大唐西遊記」なる。

西暦712頃

古事記が編さんされる。720年には日本書紀が編まれる。いずれも文字を持たなかった頃の歴史が明文化される

西暦750〜

東大寺、正倉院なる。鑑真が唐招提寺を建立。大仏建立が始まる。万葉集はこの頃。ひらがな、カタカナもこの頃に作られた。中国から伝来した文字を、日本の従来の言葉に当てはめるため、漢字の読み方

を含めた工夫の産物。26文字の世界がある中で、中国古代黄河流域で発祥した文字は、清朝の時代「字典」に4万字が収録され、現在ではその数、10万字ともいわれ今日の漢字文化圏を形成している。
平安時代初期頃より作られ始めた日本独自の和製漢字、892年に僧昌住が編集した「新撰字鏡」に国字約400字を収録している。働、峠、畑、笹、辻、榊、腺、栃、畠、凪、匂、辷、樫、襷、躾、凧、枠、俣、枠、搾、込、鋲、鱈、萩、糀、鋲、蕨、鮃、俤、栂、糀、など。現在では500字を超えるという。
和製漢字は中国に逆輸出され「社会主義、共産党、幹部、法人、手続、義務、取締、第三者、親族、継承、同化、場合、衛生、写真、万年筆、紹介」などを筆頭に800語を超えている。
ちなみに和製漢字を作った人の中に、杉田玄白、福澤諭吉、森鴎外、夏目漱石の名が見える

西暦804

最澄、空海、唐へ出発。帰国後、天台宗、真言宗始める

西暦900〜

「竹取物語」、「古今和歌集」、「拾遺和歌集」、「枕草子」、紫式部の「源氏物語」、「今昔物語」などが編まれる

西暦1192

源頼朝、征夷大将軍となる。マルコポーロの「東方見聞録」、鴨長明の「方丈記」もこのころ

西暦1230〜
法然に継ぎ親鸞、浄土真宗を「善人なおもて往生をとぐ、いわんや悪人をや」と

西暦1240
永平寺、曹洞宗の開祖・道元は「只管打坐（しかんだぎ）」を眼目に。現在は世界に数十カ所の別院があるという

西暦1274
元軍蒙古襲来、文永の役。1281年には元軍蒙古再襲来、弘安の役

西暦1543
ポルトガル船が種子島に着き鉄砲を伝える。その後ザビエル鹿児島に上陸しキリスト教を布教

七章　飛翔運を呼び込む画数表

◆ほとんどが「三種の神技」に準じた画数配置です。
◆名前を付ける折の注意点。

地格にある画数、例えば（8・14）の時「14」、即ち後にある数字は分割しても良いです。

名を三文字にする場合、例えば幸四郎の頭にある幸の「8」は分割出来ませんが、四朗の「14」は（5と9）あるいは（13と1）などいくつに分けても良いです。姓名判断寸評をご覧になれば理解いただけるでしょう。

◆まだまだ「三種の神技」を含む名前の組立てはあると思います。三つ四つしか表示しておりませんが、じっくりお探しになるのもいいでしょう。三種の神技にこだわって、この表を作成していますが吉ばかり並べるのも決して悪いわけではありません。命名に苦渋の折は格数評価を確認の上、名付けられるもいいです。それなりに素敵な人生は望めるでしょう。なおこの表には例え組み立てが良くとも苗字以外10、20、40、42など不穏な数字を含む格数は除外してあります。万が一悪い兆しが頭を出すことがあるかもしれないからです。

・**画数表の見方**

苗字（天格）とその画数		名前（地格）の画数
一条	6・7	5・12

- 苗字の1字目の画数
- 苗字の2字目の画数
- 名前の2字目の画数
- 名前の1字目の画数

苗字（天格）とその画数		名前（地格）の画数
一条	1・7	8・8
一宮	1・10	6・7　11・7
八木、二木	2・4	4・3　11・4　12・11
八田、八代	2・5	3・5　10・14
入江	2・6	9・7　10・13
二村、人見、二見、入沢	2・7	6・12　8・7　11・21
八島、二宮	2・10	11・10　14・11
川口、川上、小川、山下、丸山、小山、及川、大川、大口、土山	3・3	3・14　8・3　10・13　12・12　12・3　13・5
山内、大井、三木、土井、山中、大木、大内、川中、小木、大月、丸井、三井	3・4	9・8　11・5　12・4　12・12
山本、山田、川田、大石、上田、小田、大平、大矢、川辺、小出、下田、千田、久田、三田	3・5	1・4　8・15　10・5　12・3　12・5　13・3
小池、三宅、川合、三好、大西、小西、大竹、大江、久米、小寺	3・6	10・5　9・14　11・12　17・6

姓			画数	吉数
川村、小沢、上村、大谷、小谷、大沢、大村、上杉、大里、小串、大杉、大伴、大町、上条、三谷、小坂、小杉、三沢			3・7	4・5　4・11　8・3　17・6
山岸、土屋、山岡、三枝、大沼、土居、上松、大岩、大岡、小国、大坪、大林、小松、久松、丸岡			3・8	13　9・4　13・8
川畑、小柳、土屋、小泉、大津、久保、小津、小畑、大垣、上泉			3・9	6・5　6・11　6・15　7・10　9・8
三浦、川島、小島、上原、大島、小倉、小原、上島、小栗、小浜、大前、大高、大庭、大宮、三島、三原			3・10	8　3・8　8・10　12・10　13・10　13・3
黒川、野口、細川、堀口、野上、亀山、掛川、梶川			3・11	6・11　10・3　13・5　13・14
大森、千葉、小松、大塚、川越、小森、小淵、大隈、小椋			3・12	5・12　12・12　12・14

姓		
小滝、大滝、山路、小路、小園、大塩	3・13	2・11　2・13　3・5　11・12　11・14
大熊、川端、小関、大嶋、小嶋、小熊、上総	3・14	1・14　3・12　4・11　11・13
三輪、小幡、大槻、大蔵、川澄	3・15	3・3　3・18　6・5
大橋、土橋、大澤、三橋、小澤	3・16	1・12　2・14　5・8
工藤、大藤、大藪	3・18	3・8　3・12　3・15　6・12
今、中、王	4	13・4
中山、丹下、片山、内山、中川、木下、井上、井口、井川、今川、牛山、内川、戸川、水口	4・3	3・14　10・7　11・3　12・4　13・4
今井、中井、日比、木戸、元木、井手	4・4	13　3・4　4・11　12・1　12・4　14・3
太田、今田、中田、内田、戸田、井出、一万田、井田、井本、牛田、井尻、片平、木田、引田	4・5	4・5　8・7　10・5　11・4　11・13　12・3　12・12
中西、丹羽、中江、日吉、日向、引地、井伊、今西	4・6	5・12　17・4　18・13

姓	画数	吉数
中村、水谷、木村、内村、中谷、今村、井坂、牛尾、今里、反町、戸沢、中尾	4・7	4・2　6・7　9・4　9・7　10・11　10・15　14・7
天沼、片岡、今枝、中居、中林、中林、五味、丹波、中岡	4・8	3・3　3・8　5・6　5・10
中畑、今津、中垣、仁科、今泉、内海、天津、天草、中畑	4・9	2・9　4・4　7・1　9・9　14・4
中島、井原、片桐、中根、木原、日高、牛島、内原、氏家、片倉、木島、戸倉、水島	4・10	3・12　4・3　5・12　14・4
水野、中野、日野、天野、今野、丹野、内堀	4・11	4・12　5・12　12・11
水越、戸塚、中森、手塚、犬塚、中道、井筒	4・12	2・3　3・12　3・13　5・11　11・12
犬飼、日置、中園	4・13	4・11　10・14　11・13
手嶋、井関、中嶋、比嘉	4・14	1・14　9・4　10・3　10・13
犬養	4・15	3・13　6・7
中澤、中橋	4・16	8・13　8・17
内藤、井藤	4・18	3・10　5・12　6・19
平、北、辻	5	8　10・1　11・10　12・12

石川、市川、田口、古川、北川、平山、穴山、石山、尼子、石丸、立川、外山、永山、平川	5・3	4・3　5・11　10・3　12・3　13・2　13・12　15・1
田中、石井、正木、永井、白井、平井、石毛、市毛、広井	5・4	7・8　12・3　12・11　13・3
生田、石田、本田、永田、田辺、白石、田代、石本、正田、仙石、半田、疋田、広田、古田	5・5	11　13　5・8　6・7　10・11　12・9
本多、末次、加地、本庄、末吉、永吉、石岡、出光	5・6	5・8　5・11　10・6
田村、平尾、市村、古沢、古谷、立花、甘利、石坂、市来、石村、穴沢、石尾、石沢、北沢、田沢、広沢	5・7	1・16　5・6　10・11　17・8
平林、石岡、平松、田所、北岡、加茂、市岡、加治、広岡	5・8	8　3・8　5・6　5・11　8・8

姓	画数	吉数
布施、田畑、石垣、古屋、石津、玉城、石神	5・9	4・9　6・9　6・11　7・10　12・9
石原、加納、北島、田原、田島、矢島、生島、石倉、石島、市原、北畠、北原、田宮	5・10	5・3　7・10　8・13　13・3
北野、矢野、平野、永野、石黒、田崎、石崎、石野、市野、石堂	5・11	16　4・11　5・3　5・8　6・10　12・3　12・11
本間、古賀、石塚、平塚、平賀、石渡、石森、出雲、加賀、甲斐	5・12	6　4・12　12・4　13・11
玉置	5・13	4・7　8・3　10・13
田嶋、田端	5・14	2・11　7・6　10・3
生駒	5・15	9・12　18・3
古澤、石橋、市橋、田頭	5・16	2・6　5・6　8・3　15・3
加藤、左藤	5・18	6・12　6・10　7・8　8・8
加瀬、広瀬、永瀬	5・19	4・11　13・8　14・19
辻、芝、仲、西、旭、池	6	2・5　9・9
吉川、西川、米山、竹下、池上、江口、羽川、江上、江川、池山、宇山	6・3	3・12　5・3　5・10　12・11

竹内、池内、吉川、向井、臼井、安井、有井、安中、糸井、有田、伊丹、小山内、竹中、寺井	6・4	1・4　4・9　7・6　11・10　9・12
吉田、池田、竹田、安田、寺田、多田、有田、池尻、瓜生、小山田、池永、池辺、宇田、江田、成田、西田、羽田	6・5	13　6・7　6・12　8・13　10・11
安江、寺西、有吉、安西、吉成、安宅、臼杵	6・6	5・6　7・10　9・15
竹村、西沢、西尾、吉村、早坂、吉沢、有沢、伊沢、池谷、有坂、有村、安芸、伊佐、伊豆、西条、寺沢	6・7	6・5　7・9　8・8
吉岡、伊東、竹林、西岡、竹林、寺岡、有岡、宇治、江波、伊奈	6・8	5・10　5・13　7・6　7・11
大久保、有泉、西垣、守屋、川久保、小久保、江草	6・9	6・10　6・11　7・10　9・8　12・9

姓	画数	吉数の組合せ
西脇、吉原、寺島、有馬、竹原、西島、伊原、池原、江原、在原、伊能、伊庭、池島、江島、竹島、名倉	6・10	7　1・7　5・10　7・9　13・10
江崎、吉野、池部、宇野、寺崎、安部、色部、池野、各務、庄野、西野	6・11	4・11　6・9　8・7　13・2
安達、西森、伊達、有賀、五十嵐、伊賀	6・12	5・8　5・12　5・18　12・3　12・11
伊勢、竹腰	6・13	8・5　11・15
伊藤、安藤、江藤	6・18	6・5　6・7　7・10　14・3
成瀬、百瀬、早瀬	6・19	4・9　4・12　16・17
谷、沢、沖、伴	7	11　17　6・8　8・8　8・9
村上、杉山、谷川、坂口、谷口、坂下、赤川、芥川、尾上、佐川、佐々	7・3	5・8　8・3　8・5　12・9　14・11
沢井、村井、坂井、赤木、赤木、宍戸、赤井、住友、花井	7・4	7・6　7・14　9・12
杉本、沢田、足立、村田、坂本、児玉、赤石、芦田、沖田、苅田、佐田、杉田、住田、角田、花田	7・5	3・14　8・9　9・2　11・6

佐竹、杉江、赤羽、近江、赤池、住吉、赤松	7・6	7・11　9・7　12・6　13・6
杉村、谷村、佐伯、志村、赤坂、角谷、芦沢、足利、男谷、尾花、沢村	7・7	8・7　8・10　9・6
村松、赤松、村岡、別府、花岡、坂東、吾妻、佐治、近松	7・8	8・8　8・9　9・8　10・8
赤星、赤津	7・9	4・4　4・9　6・9　15・10
杉浦、杉原、児島、佐原、対馬、芦原	7・10	5・10　7・8　11・4　14・10
佐野、杉野、尾崎、赤堀、日下部、赤堀、芦野	7・11	6・9　7・9　12・11　13・10
志賀、杉森、芳賀、那須、赤塚、村越、赤須	7・12	5・8　5・11　6・10
佐藤、近藤、兵藤、谷藤	7・18	6　　5・11　6・10　7・9　14・2
村瀬、佐瀬	7・19	4・11　5・10　8・7　13・8
林、岡、岸、東、牧、金	8	4・5　5・10　8・8　9・4　10・3　13・3
松下、青山、松山、金子、岩下、松川、阿川、采女、岡山、金丸、河上、東山	8・3	8・5　8・10　9・3　8・16　12・9

姓	画数	名の画数
松井、青木、岩井、坪井、茂木、岩井、油井、板井、小田切、青井、金井、河井、国井、武井、長井、松木	8・4	9・6　9・8　10・5　10・13　11・4
松本、岡田、岡本、井戸田、岩田、岩永、和田、武田、青田、明石、岩本、門田、金田、河田、岸田、岸本、幸田、沼田、林田、肥田、牧田	8・5	6・5　8・3　9・7　10・6　13・5
岡安、河西、河合、国吉、長江、青地	8・6	7　7・10　9・8　10・7　12・5　18・9
岡村、河村、松尾、長沢、松村、長尾、岩村、阿坂、岩尾、岩沢、金谷、妹尾、牧村、松坂	8・7	8・8　8・9　8・16　9・7　10・7　11・13
松岡、若松、若林、長沼、長岡、知念、青沼、阿波、味岡、岩波、岡林、国枝	8・8	7・16　8・9　8・17　15・8
河津、金城、板垣、和泉、青柳、長屋、板津、岩城	8・9	7・8　7・17　15・9

姓			
松浦、河原、門脇、松原、長島、板倉、青島、青根、雨宮、岩倉、門倉、牧原、松島	8・10	6・9 8・7 8・15 14・9	
阿部、服部、河野、牧野、岡崎、岡部、岩崎、青野、姉崎、岩野、岩堀、岡野、松野	8・11	13 6・10 8・8 10・3	
的場、松葉、岩間、武智、金森、明智	8・12	11 12・9 12・13	
長嶋、宗像	8・14	7・16 10・13 10・15	
板橋、長澤、岩橋、金澤、松橋	8・16	7 5・10 8・3 8・9	
斉藤、武藤、松藤	8・18	5・10 6・9 7・8	
柳、畑、南、星、泉、城、県、柏	9	5・10 6・9 8・7	
皆川、秋山、前川、荒川、香川、恒川、相川、浅川、神山、品川、津川	9・3	8・7 10・5 10・15 11・2	
柏木、荒木、浅井、秋元、畑中、荒井、秋月、厚木、朝日、茨木、春日、神戸	9・4	3・5 7・4 9・2 9・9	

姓	画数	名前の画数
相田、津田、神田、前田、秋田、飛田、柳田、浅田、荒田、柿本、砂田	9・5	2・5　9・8　10・5　10・7　10・14　11・4　13・5
秋吉、浅羽、音羽、春田	9・6	10・6　15・6　9・15
神谷、柳沢、浅見、相沢、津村、保坂、浅尾、浅利、荒尾、伊万里、神尾、津村、彦坂、前沢	9・7	8　5・8　8・15　9・8　10・5　17・6
重松、浅沼、浅岡、柿沼、香取、神林、荒牧	9・8	8・8　8・10　9・6　10・14
神保、保科、荒巻、秋津、浅香	9・9	8・7　15・8　20・9
前原、柏原、前島、相馬、前島、柳原、相原、浅原、秋庭、朝倉	9・10	7・9　7・11　9・7
浅野、星野、神野、草野、神崎、海野、秋野、飛鳥、海部、狩野、柿崎、前野	9・11	8・3　8・9　10・9　13・8
秋葉、草間、柘植、風間、相場	9・12	4・12　9・9　12・12
後藤	9・18	3・18　6・15　9・12
原、島、桂、浜、浦	10	8・7　9・8　11・5　14・3

高山、宮下、原口、栗山、宮川、浜口、浦上、桑山、柴山	10・3	10・6　10・8　11・7
佐々木、桜井、高木、酒井、畠中、高井、速水	10・4	9・9　11・6　11・7　15・3
原田、高田、宮本、島田、浜田、栗田、宮田、梅田、浦田、荻生、倉田、桑田、島本、高石、根本	10・5	1・5　8・9　10・11　11・6　12・4
宮地、桑名	10・6	7・6　8・9　9・6　10・13
梅村、宮沢、髙村、高見、宮坂、島村、梅谷、唐沢、高坂、高杉	10・7	15　9・9　9・15　11・7　11・13　17・7
高松、根岸、栗林、高岡、高林、宮武、梅林、兼松	10・8	11・6　13・8
島津、高畑、宮城、高柳、倉持、梅津、高津、財津	10・9	2・11　8・8　9・4
栗原、高島、宮島、桑原、荻原、宮脇、梅原、梅宮、高倉	10・10	11　3・8　5・11　9・7

姓	画数	組み合わせ
宮崎、島崎、浜野、高野、浜崎、荻野、浦野、小佐野、桐野、真野	10・11	2・9　5・11　13・11
佐久間、馬場、高須、高森、鬼塚	10・12	5・6　9・8　11・6　12・3　12・13
高橋、鬼頭、宮澤、倉橋、真壁	10・16	1・5　8・3　10・7　10・11
堀、菅、都、梶	11	10・3　11・2
黒川、野口、細川、堀口、野上、亀山、掛川、梶川、清川、笹川、野川	11・3	5・12　8・3　12・5
清水、堀内、亀井、野中、望月、黒木、大河内、笠井、梶井、菅井、野中、深井、堀井	11・4	1・5　2・4　11・5
野田、黒田、亀田、細田、野本、堀田、麻生、大和田、菊田	11・5	3・13　10・5　10・7　10・13　13・3
菊池、堀江、鳥羽、葛西、黒江	11・6	10・5　11・10　11・13　12・4
野村、黒沢、渋谷、深谷、深沢、細谷、魚住、野坂、深尾	11・7	4・7　6・7　6・15　8・7　11・12
鳥居、黒岩、笹岡、笠松、菅沼、猪股、亀岡	11・8	3・10　5・8　7・6　11・6

阿久津、猪股、深津、船津、葛城	11・9	4・7　8・7　12・13　12・19
菅原、梶原、細野、紺野、黒崎、大河原、鹿島、笠原、野原	11・10	11　3・12　11・5　14・10
菅野、細野、紺野、野崎、清野、鹿野、笹野、堀部	11・11	13・10　14・11
野間、船越、堀越、鳥越、猪越、笠間	11・12	3・5　3・13　11・5　12・4
猪飼、設楽、淡路	11・13	3・12　11・4
猪熊	11・14	1・5　10・6
黒澤、深澤、都築、船橋、八重垣	11・16	8・10　11・7　15・6
斎藤、進藤	11・18	11・7　11・12　13・10
森、堺、奥、堤、湊、勝	12	5・12　12・1　12・10　12・13
森口、富山、湯川、森下、奥山、飯山、賀川、葉山	12・3	12　8・9　12・11　14・3
筒井、津久井、植木、朝日、奥井	12・4	4・11　11・5　12・11
森田、飯田、渡辺、奥田、富田、久保田、塚本、粟田、植田、奥平、勝田、須田、塚田、富永	12・5	1・5　2・5　10・5　11・4　11・7
落合、葛西、椎名、植竹	12・6	7・6　11・4　11・12

姓	画数	組み合わせ
奥村、植村、奥谷、森谷、冨沢、飯尾	12・7	12・1　6・7　7・6　8・5　10・6
富岡、森岡、飯沼、飯岡、猪俣	12・8	8・17　16・5
湯浅、結城、渥美、猪俣、粟津	12・9	11　2・9　4・11　9・9　12・12
荻原、飯島、森脇、朝倉、塚原、森島、飯倉	12・10	6・11　8・9　14・9
奥野、渡部、森野、萩野、植野、粟野、飯野	12・11	4・4　5・19　12・4
越智、須賀、飯塚、朝比奈	12・12	4・11　4・13　9・6
富樫、棚橋	12・16	7・6　8・5　12・1
須藤	12・18	3・12　6・5　6・9
楠、椿、菅、塙、新、筧	13	3・8　8・10
溝口、遠山、滝川、福山、滝川、滝口、塩川、新川	13・3	5・8　8・3　12・3　13・8
鈴木、新井、福井、福元、碓井、春日井	13・4	2・5　5・2　9・5　9・5　11・5
福山、新田、豊田、福本、園田、塩田、福永、蒲田、蒲生	13・5	7・6　10・5　12・3　13・10
祖父江	13・6	7・6　10・6
滝沢、鈴村、宇佐見、塩谷、塩見、塩沢、新見	13・7	6・5　8・5　14・11

福岡、豊岡、新妻、朝比奈	13・8	10・8　13・11　16・8
愛洲、宇佐美、新美、新垣、新城	13・9	4・11　9・8　12・11
福島、福原、豊島、嵯峨、福留、蒲原	13・10	5・3　14・2　14・4
塩崎、新野、園部、塩野	13・11	4・3　7・10　13・2 13・4
猿渡、福富、新開、愛智	13・12	4・12　5・11　12・4
遠藤、新藤	13・18	8　6・10　13・3　13・8
榎、関、境、榊、嶋	14	9・9　9・18　10・17
関口、樋口、徳山、稲川、増子	14・3	3・3　6・9　8・7　12・3
緒方、熊木、増井、堀之内、綿引、関戸	14・4	4・11　12・3　14・9
増田、徳永、稲、窪田、榎本、小野田、稲生	14・5	6・7　6・10　11・5 13・3
小野寺、徳光	14・6	7・4　18・3
熊谷、熊沢、稲村、稲尾、野々村、稲沢	14・7	4・7　8・3　14・4
稲垣、鳴海	14・9	6・10　7・11　9・9
榊原、関根、小笠原、漆原	14・10	15　5・10　6・9　6・11
波多野、二階堂、熊野、綿貫、綾部、網野	14・11	10　5・11　6・10　7・9 13・3
稲葉、稲森	14・12	5・10　11・4　12・3
長谷川、横田、樋口、影山	15・3	5・8　5・10　12・3

姓	画数	組み合わせ
横井、横内、宇津木、加倉井、駒井	15・4	7・6　9・4　13・3
横田、廣田、駒田、潮田	15・5	8・3　12・9　10・11
横尾、海老沢	15・7	6・9　11・6
海老原、大曾根	15・10	5・1　5・11　6・10
長谷部、諏訪、嬉野	15・11	2・11　4・11　10・11
大須賀	15・12	6・12　9・9
橘、橋	16	8・7　8・8　8・17
橋口、鮎川、樫山	16・3	10・3　14・2
橋爪、薄井、田部井	16・4	5　7・8　9・12　13・8
橋本、澤田、橋田	16・5	6・5　12・5
鮎沢	16・7	8・8　10・6　11・5
篠田、磯田	17・5	8・7　8・15
磯村、鮎沢、磯貝	17・7	1・6　8・7　9・7
東海林	17・8	7・9　　8・8
篠原、宇都宮、鍋島、鮫島	17・10	8・10　18・6
篠崎、磯崎、磯野、磯部	17・11	3・10　4・7　7・10
藤川、藤山	18・3	10・14　15・3
藤井、藤木	18・4	12・5　17・6
藤田、藤本、織田、鎌田、藤永	18・5	10・5　10・6　11・13
宇喜多	18・6	7・8　10・7
藤沢、藤村	18・7	8　6・7　8・8　11・5
藤岡、藤枝、藤波	18・8	5・8　8・7　16・5

藤原、藤倉、鎌倉、宇都宮、伊集院、織原藤島	18・10	5・19　7・10　8・3
藤野、藤崎、曽我部	18・11	5・11　13・10
藤森　藤間	18・12	5・6　6・11
鵜飼	18・13	2・6　8・8
瀬川	19・3	10・7　18・5　20・3
瀬戸	19・4	11・5　12・12
瀬尾	19・7	6　6・7　8・7　9・6
櫻井、露木	21・4	4・12　11・5
鷲見、鷲尾	23・7	4・7　6・5　6・9

七章一節　名字の由来

　日本人の名字はいったいどのくらいあるのだろうと少し調べてみたら、約13万あるといいます。諸外国を見ると中国は（漢民族）約500、朝鮮は約260、イギリスは約13,000、旧ソ連は約50,000といわれている。日本の苗字の数は珍名難読を含め多種多彩で世界一ではないか。

　漢字文化を共有する隣国などは血脈による氏を尊重し、みだりに氏の変更はしなかったようだ。5世紀、允恭(いんぎょう)天皇の時代に臣連制が敷かれ、公・君（キミ）臣（オミ）連（ムラジ）直（アタイ）史（フヒト）首（オビト）村主（スグリ）が天皇降臨以来功績のあった人、地方の高官、あるいは豪族などに姓を与えた。

　時代が進んで7世紀に入り天武天皇の時代、八色（ヤクサ）の姓（カバネ）と再編成が行われ, 真人（マヒト）朝臣（アソミ）宿禰（スクネ）忌寸（イミキ）道師（ミチノシ）臣（オミ）連（ムラジ）稲置（イナギ）の八苗字が氏、姓の始まりで士族階級の証とされた。時代が移り嵯峨天皇の折、古代氏族の姓1182を記載した「新撰姓氏録」を作成。孝元、開化、崇神、天武天皇等皇族の子孫の名前に小野、柿本、阿部、大島、田中、日下部、桜井、三原、中村、武田、長岡、大宅 大友 柏原、高橋、などその他天孫の系統の名が記されている。

　山村、桜田、石野、宮原、大原、勝、桑原、等は

中国の皇帝の子孫や百済、高麗の系列の一部、古代の姓名は地名からが多く、また武士や豪族等から特に役人武士など移動するために名前が拡散していることもあるようだ。

源義家の孫から石川、若槻、新田、足利の苗字が出ています。摂関家、源平ともに二分した争いだった保元の乱が起きた時、武士たちは氏の代わりに苗字を用いた。その苗字の出自は平氏、藤原氏、武蔵七党系と様々でしたが、この頃から苗字が普及してきたことがわかります。

この様に苗字の歴史を考えるに、氏素性ともいうがそれぞれ歴史があり、大きな意味があるようだ。鎌倉幕府成立後、守護、地頭として役人を各地に派遣し、新天地を開発。嫡流は始祖の苗字を伝えましたが、支流はその土地によって新しい苗字を生み出し、増加していった。

徳川十一代将軍・家斉の時、御触書で百姓町人の苗字帯刀を禁止した。ただし、由緒ある家柄、役職（町年寄、庄屋、名主）学問、治世に功労があったものを特例として苗字帯刀を許した歴史があります。明治に入って苗字を付けるべく法が定められたが、読み書きができない人まで名を付けるとなるとなかなか難しく、役所に行って口頭で言った苗字を役人がそれぞれの勝手な判断で漢字にして記載した。例えば「イトウ」だけでも伊東、伊藤、井藤、井東、位登、井島、井登、板生、井筒、位藤、伊達、位頭、伊豆、

井嶋、依藤、意東、藺藤、居藤と、ざっと調べただけでもこれだけあります。「サトウ」では佐藤、左藤、佐東、佐島、坂東、佐十など、次に「スズキ」鈴木、須々木、壽松木、寿々木、鈴城、進来、寿松木、鈴来、鈴樹、鈴紀、鐸木、また「タナカ」田中、田仲、多中、太中など。また「ヤマモト」山本、山元、山下など多くあります。

　苗字を付ける折には、祖先からの伝承、屋号、職業、村落の通称、本分家の区別、有力者からの贈名などの要因がどんどん名の種類を増やしていったようです。

　多いのは山、川、谷、田、東西南北、松、杉、森、海、島、日、月、などを混ぜた苗字。一方、名前には明治の頃、勝手につけられたものもあるが、由緒ある伝統的な名も多いようです。

　人によっては桓武、崇神、天武天皇の流れ、源氏や平家、徳川、江戸時代300もあった藩の大名、あるいは隣国の王族の血脈かもしれません。自分の苗字にどんな過去があるか知れない。ひょっとしたら凄いDNAが自分の血脈に流れていると考えるだけでも楽しいではありませんか。伝統ある苗字に感謝をし、大切に子孫に伝えたいものです。

最後になりましたが

　不運を招くと言われるいくつかの考え方の中には、参考にしてもいい考えはないとは言わないが、易学などの考えを取り入れ、命名を煩雑にしているだけのように思えて仕方がない。命名改名は出来るだけ簡素な考えがいい。文字にしてもあるがまま、筆数などいつも書く其の儘が全てであって一切の細工も条件もいりません。色々回りくどいことを書いてきましたが、画数の吉凶表をご覧のうえ、吉か大吉を並べるだけ、命名および改名はたったこれだけのことです。出来れば三種の神技を組み込ませれば最高です、後は読みやすいか、呼ぶときの響きがいいか、親しみ易さが人の値打ちを上げてくれることでしょう。「姓名判断の寸評」をご覧になれば、組立てのテクニックも理解していただける筈です。

　姓名判断では悪弊、災禍が降りかかるか、上昇気流に乗って運勢を切り開くか、この苦境を切り抜ける手立ての有無を判断するのみです。その解決策は改名か、通名を作り日常使うことがいいかと思う、本人の覚悟次第で道は必ず開きます。命名で100%の解決策はありませんが、いい援助者が現れたり、いいアイデアが浮かんだりする抜群の推進力を内蔵する名前を、掴んでいただけることだけは確かなこ

とです。

　皇位の印である「三種の神器」は国家安康の願いを込めた証であるが、武術の教えには「活人拳」という秘伝がある。「三種の神技」を名前に潜ませる時、「鏡、剣、勾玉」でありしかも「活人拳」としてあらゆる苦難にも立ち向かうエネルギーと化すように思う。

　わかりにくい点があると思いますが、こまめにお読みいただければ、あなたやお子さんの未来に素敵な人生の夢を見ることは不可能ではないでしょう。

　諸説ある姓名判断を誹謗するような書き物になりました。不謹慎な小生の思い上がりかもしれない。責めがあるとすれば如何様にも甘受します。

平野友彬

この書を纏めるにあたって

恒川義明、吉岡泰山、小池教夫、江崎慶子各氏には
一方ならぬ心づかいを頂き衷心より感謝申し上げます。

参考文献

『姓名判断―"安斎流"で運をつかむ』(安斎勝洋／説話社／1998 年)
『桜宮式星まわり姓名判断』(桜宮史誠／実業之日本社／2004 年)
『幸運をまねく姓名判断 名前でわかるあなたの性格と運勢』(城山廸子／日本文芸社／1997 年)
『最新 幸運をつかむ姓名判断』(高嶋泉妙／日本文芸社／2005 年)
『姓名判断』(文屋圭雲／ナツメ社／2011 年)
『高島易断神宮宝暦』(神宮館)
『運命宝鑑―神明館蔵版』(修学社／1983 年)
『新感覚 必ず見つかる 赤ちゃんの名前事典』(国脇泰秀／西東社／1995 年)
『純正姓名判断開運術入門』(田口二州／日東書院本社／2009 年)
『赤ちゃん名前のつけ方事典―格数によるよい名前のつけ方』(高杉光瑛／西東社／2004 年)
『最新版男の子の幸せ名づけ事典』(阿辻哲次、黒川伊保子／ナツメ社／2011 年)
『解明！由来がわかる姓氏苗字事典』(丸山浩一／金園社／2015 年)
『姓名と相性 万徳の鑑定法あれこれ』(岡本万徳／1977 年)
『かわいい男の子・女の子すてきな名前の事典』(秋月智朱／成美堂出版／2011 年)
『幸せを願う 新しい赤ちゃんの名前事典』(笹山俊彦／成美堂出版／1995 年)
『学研漢和大字典』(藤堂明保／学研プラス／1978 年)
※特にひらがなはパナソニック株式会社の手書き文字認識エンジン"楽ひら®"を参照

著者略歴

平野　友彬（本名　恒示）1935.6.30生

岐阜県美濃加茂市加茂野町鷹之巣1794　Excel Call 101

東海高校卒業後、東京で繊維会社に就職。以後転々とし、32歳で建築会社を設立。57才の折妻が他界。69才で廃業し以後、孤独な隠居生活を謳歌するも自分の名前に不信を抱き姓名判断の本を求め検索しつつ今日に至る。趣味は旅と絵。絵だけは下手でもやめられない。

※題字は著者

玉寿の姓名判断　三種の神技

2018年12月20日　初版1刷発行

著　者	平野友彬
編集制作	樹林舎
	〒468-0052　名古屋市天白区井口1-1504-102
	TEL:052-801-3144　FAX:052-801-3148
	http://www.jurinsha.com/
発 行 所	株式会社人間社
	〒464-0850　名古屋市千種区今池1-6-13　今池スタービル2F
	TEL:052-731-2121　FAX:052-731-2122
	http://www.ningensha.com/
印刷製本	長苗印刷株式会社

©Hirano　Tomoaki 2018, Printed in Japan
ISBN978-4-908627-40-8 C2039
＊定価はカバーに表示してあります。
＊乱丁・落丁本はお取り替えいたします。